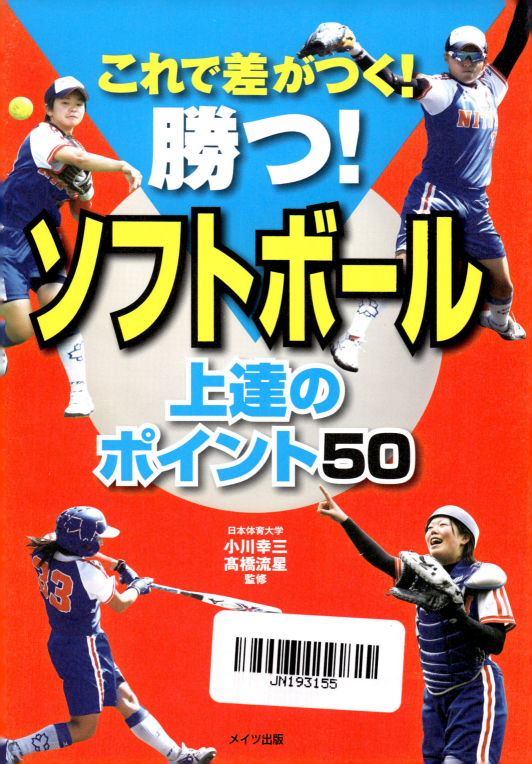

SOFTBALL

はじめに

　コントロールが定まらない。打線が低調。ゴロ処理に自信がない。日ごろの練習でそんなふうに感じることは、ありませんか？

　このような不安や心配があると、精神的にも落ち込んで、ソフトボールを始めた当初のやる気や情熱を失いそうになります。そんなときに助けになってくれるのが、「こうすればコントロールがよくなる」「ミート率がアップする」「ゴロ処理のコツがわかる」という具体的なアドバイスと、それにもとづく成功体験の積み重ねです。

　もしもコントロールが乱れたら、打てなければ、チームがばらばらになったら……、といった一つひとつの局面に対しての明確な対応策を構築し、成長の糧とすることが、試合で勝てるようになる近道と言えるでしょう。

　本書では、試合でよくあるシーンの対処法と、必要なテクニックを 50 の「ポイント」として紹介しています。そして、より具体的にイメージできるように、それぞれの重要箇所を 3 つの「ツボ」として分析しました。

　皆さんの心に響くアドバイスが見つかったなら、ぜひ実践して効果を体感してみてください。自信と躍動感にあふれたプレーを、楽しめるきっかけになれば幸いです。

髙橋流星

ソフトボール

試合で勝てる。
どんどんうまくなる！

状況に応じたピッチング、
自分が出塁し、ランナーを進塁させるバッティング、
エラーのないフィールディング、
そしてベンチが一丸となって戦うことのできる、
連携の取れたチームワーク。
これらを身につけると、そのチームは勝てるようになる。
実際のプレーに必要な技術や、
ありがちな状況を例に挙げて、
自分たちが有利に試合を運ぶための
50の「ポイント」を紹介。
実戦に生きるテクニックを身につけて、
ソフトボールの達人を目指そう！

プレー中のさまざまな場面を想定し、
その対処をわかりやすく解説。
即実践に役立つソフトボールの技術書

スーパーテクニックを身につける
最短ステップ

1 自分の弱点を知る

2 強化したいテクニックの
　　 ページを開く

3 3つのツボを
　　 頭にたたき込む

4 練習を繰り返して

本書の使い方

本書は最初から読み進めるべき解説書ではありません。各テーマが見開き完結となっており、皆さんの知りたい習得したい項目を選んで、読み進めることができます。

各テーマは、それぞれ重要な3つの『ツボ』で構成され、習得のポイントを分かりやすく解説しています。

コツが分かるから覚えやすい。覚えやすいから身につきやすい。ぜひスーパーテクニックの習得に役立ててください。

コレが直る

そのテクニックを修得することで、何がよくなるのか、修正されるのかがわかります。

本文

掲載しているコツの概要を紹介しています。テクニックを使用する場面などを整理することができます。

効くツボ

『効くツボ』3つをさらに短く表現。ここさえおさえれば、テクニック習得はもう目前です。

ポイント No.

50項目の重要テーマを掲載。すべてを自分のものにし、レベルアップを目指してください。

ポイント No.03 ▶▶▶ ピッチング
ボールスピードは全身を素速く動かすとアップする

> **⚡ コレが直る** 腕力で球速を求めていた悪癖を改善。楽に速球が投げられるよ

下半身からスピードを伝えて、腕の振りを加速させる

ピッチャーのボールが速いほど、バッターはより早く打撃体勢に入り、ボールの見極めも早くする必要がある。つまりスピードボールは、**バッターから時間的余裕を奪う**効果があるのだ。

人間が目で見て反応できるスピードの最高速度は0.24秒。全日本クラスの速いピッチャーは、投げてからバッターの手元に到達するまでに、0.4秒を切ってくるというから、限界に迫るスピードといえる。そこに至らないまでも、速さは圧倒的な武器になるのだ。

効くツボ
1. 腕を十分に脱力する
2. 「ブラッシング」を最適化する
3. 全身を高速で動かす

--- タイトル

具体的なタイトルで、知っておきたいポイントが一目瞭然。どこからでも読み進められます。

--- 効くツボ１・２・３

３つの『ツボ』を詳しく、わかりやすく掲載しています。しっかり身につけ、早い習得を目指してください。

ピッチング

効くツボ 1

腕力では速くならない。
逆に脱力して投げると速くなる

スピードを上げようとして、力む人がいる。しかし力むほど筋肉は緊張し、投げる動作にブレーキをかけてしまう。腕力で投げようとすると、逆にスピードは落ちるのだ。肩を下げてアゴを引き、脱力して腕を振ろう。投球姿勢に入るところから意識してリラックスを心掛けるとよい。

効くツボ 2

「ブラッシング」の
度合いを最適化する

スピードを上げる大切な要素が、「ブラッシング」。右ヒジが右腰に当たった反動で、ヒジから先をビュンと振るようにする。ただし、強く当てすぎると逆効果。当てないのはよくないが、当てすぎると減速する原因にもなる。腕が最もしなる、最適なぶつけ度合いを見つけるようにしよう。

効くツボ 3

全身を速く動かす。
特に下半身の始動を素早く

腕を速く振るには、全身を速く動かすとよい。陸上選手もそうだが、足の速い人は腕も速く振ることができる。全身で速く動こうとすることで、腕のスイングも速くなるのだ。大事なのは、始動を速めること。下半身の動き出しが速ければ腕の振りも速くなり、ボールスピードも速くなる。

やってみよう
スピードアップには遠投

スピードアップに効果的な練習が、遠投。全身の動きがダイナミックになる。また、遠投の場合、手元が少し狂うと狙いも大きく狂う。だから正確に狙うコントロール力も高まるのだ。

できないときはここをチェック ✓

スピードをアップさせるには、地肩の強さが必要になる。下投げばかりをするのではなく、野球のピッチャーと同様、上投げもやっておくと効果的だ。

--- Let's やってみよう

掲載された内容が身についたら、さらなるレベルアップを目指し、ここに掲載されている内容にもチャレンジしてみてください。

--- できないときはここをチェック

やってみてもなかなかうまくいかない。そんな時はここを読んでみてください。落ち入りやすいミスを掲載しています。

体の使い方・各パーツの基本

ピッチャー・野手

耳
平衡感覚を司るとともに、打球音を聞いて、ゴロやフライの飛んだ方向を把握する。

右腕
肩、ヒジ、手首、指先まで全部使って投げる。腕全体をしならせ、柔軟に使うことが大切だ。

肩
送球動作において大切なのが肩。日ごろから強化に努めるとともに、ケアも怠らないように。

左腕
ボールを持たない左腕で身体バランスを取り、動作の安定を図る。

体幹
腹筋、背筋を使って上体をねじる。腕の振りは、体幹の動きに導かれるのが望ましい。

足
地面から力をもらう投球、送球を目指すと、力強くなる。ピッチャーは走り込んで足を鍛えるようにしよう。

バッター・ランナー

耳

監督やランナーコーチの指示を聞く。また、相手バッテリーの声を聞くと投球の予測が立てられる。

目

動きにつられて、目線を上下にぶらさないことが大切。目線の安定がバッティングの安定につながる。

腕

両腕の連動により鋭いスイングを行なう。また、ランナーにおいては腕を速く振ると足の回転数もアップする。

お尻

バッティングでは、右のお尻を前に回してボディーターンを行なうと鋭いスイングができる。

内もも

内モモの連動により腰を回してスイングを行なう。

足

地面からもらう力を、スイング、ダッシュの原動力とする。ランナーは急に止まれたり、方向を切り返せたりすることも大切。

これで差がつく!勝つ! ソフトボール上達のポイント50

はじめに 2

本書の使い方 4

体の使い方・各パーツの基本 6

PART 1 ピッチング

スピード、コントロール、変化の3要素を備えるピッチング技術を身につけよう。
3振を量産できるスーパーエースになるための、極意を凝縮。

ポイント No.01 ウインドミル投法は
体の回転動作を使って全身で投げる 12

ポイント No.02 右手のひらをミットに向ければ
正確にコントロールできる 14

ポイント No.03 ボールスピードは
全身を素速く動かすとアップする 16

ポイント No.04 ドロップは縫い目に指をかけて
高いところから落とし込む 18

ポイント No.05 ライズはドアノブを回すイメージ
上投げカーブのリストワークで投げる 20

ポイント No.06 ボールの後ろ側を切り落とし
逆回転をかけて浮き上がらせる 22

ポイント No.07 打者のタイミングを外すチェンジアップ
手の甲側から振り出せば勢いを殺せる 24

ポイント No.08 手首までグローブで覆い
握りを隠して投球しよう 26

PART 2 バッティング

ミート率を高めることが、優れたバッターになる条件。苦手コースをなくし、
引っ張るのも流すのもできる多彩なバッティング技術を身につけよう。

ポイント No.09 ミート率を上げるには
バットを短く持ってコンパクトに振る 30

ポイント No.10 体の回転を速くすれば
スイングスピードも速くなる 32

ポイント No.11 流し打ちは引きつけて
バットを狙う方向に向ける 34

ポイント No.12 叩きつけは、高めのボールを
上から下に叩き落とす 36

ポイント No.13 インコースは前足を開き
ど真ん中に変換して打つ 38

ポイント No.14 アウトコースは流し打ち
バッターボックスに詰めて構えよう 40

CONTENTS

ポイント No.15 送りバントは後ろで構え
打撃直前に前に詰めて打つ …………… 42

ポイント No.16 セフティーバントで意表を突く
バントの姿勢を一瞬で作ろう …………… 44

ポイント No.17 左バッターならではのスラップ
走りながら打ち、好スタートを切る …… 46

ポイント No.18 強く弾くプッシュバント
芯で捕らえ空いた野手間のアキに飛ばす … 48

ポイント No.19 野手を木っ端微塵にするバスター
バントの姿勢から一瞬で切り替える …… 50

ポイント No.20 ヒットエンドランは
野手の空間を狙って打つと決まる …… 52

PART 3 フィールディング

ゴロやフライの捕球技術は、どの選手にも必要。
各ポジションに求められるフィールディングのテクニックをマスターしよう。

ポイント No.21 下から上へのグラブさばきで
正確な捕球と素早い送球ができる …… 56

ポイント No.22 片手によるゴロ捕球は
手のひらを真正面に向ければ正確 …… 58

ポイント No.23 フライ捕球はグローブを横にして
次に投げやすい人がキャッチする …… 60

ポイント No.24 ピッチャーも野手の1人
投げたらすぐに備える …………………… 62

ポイント No.25 キャッチャーも機敏な動作が必要
足を前後にすれば、素早く動ける …… 64

ポイント No.26 フィールド全体を見渡しながら
身振りと声で各野手に指示を与える … 66

ポイント No.27 内野手は素早い動作が必要
クイックモーションを心掛ける …………… 68

ポイント No.28 外野手はフライの捕球後
すぐに内野手に返球する ………………… 70

PART 4 ベースランニング

走塁には、コツがある。速く走るコツ、スタートをうまく切るコツ、
スライディングのコツなどを身につけよう。機動力で相手チームに上回れば、勝てる。

ポイント No.29 短い塁間で一気に加速するには
ピッチ走法で回転数を上げる …………… 74

ポイント No.30 ベースの内側を蹴れば
最短コースで最速の走りができる …… 76

ポイント No.31 1塁への走塁は
ベースの手前をツマ先で踏む …………… 78

ポイント No.32 2、3塁への走塁は
全力で走って野手を慌てさせる …………… 80

9

CONTENTS

ポイント No.33 ホームへの走塁は
ゴロが出たら突進すると決め込む …… 82

ポイント No.34 盗塁はスタートダッシュがカギ
リリースされる直前にダッシュする … 84

ポイント No.35 摩擦が少ないように滑り
滑った直後に立ち上がる ……………… 86

ポイント No.36 ヘッドスライディングは
思い切って体を伸び切らせる ………… 88

PART 5 チームプレー

チームプレーで勝利をもぎ取ろう。情報分析戦の具体例、
心理テクニック、およびチームの雰囲気作りのコツを伝授する。

ポイント No.37 サインプレーを駆使すれば
次の展開を全員が予測できる ………… 92

ポイント No.38 低めに集めてゴロを打たせ
ダブルプレーを成功させる …………… 94

ポイント No.39 ランナー1、3塁の攻撃シーンでは
わざと1塁ランナーが挟まれる ……… 96

ポイント No.40 盗塁を刺すには雰囲気を察知し
キャッチャーが捕ると同時に投げる … 98

ポイント No.41 ランナーコーチは1人の選手
情報を集めて有利な状況を構築する … 100

ポイント No.42 ピックオフ成功の秘訣は
「ピックオフしないムード」を作ること … 102

ポイント No.43 タッチアップを刺すには
勢いをつけ、低いところに送球する … 104

ポイント No.44 サインやジェスチャーを駆使
攻撃的なチームプレーができる ……… 106

ポイント No.45 相手野手を慌てさせて
チームプレーで盗塁を成功させる …… 108

ポイント No.46 送りバントを成功させるには
ピッチャー前に転がす ………………… 110

ポイント No.47 スクイズを使って
チームプレーで点を取る ……………… 112

ポイント No.48 守り切ったら、負けない
ムチャなプレーは慎み、凡ミスをなくす … 114

ポイント No.49 試合は情報分析戦、
相手のことを知るほど、勝てる ……… 116

ポイント No.50 チームの士気を高めて
日ごろからプラス思考で臨む ………… 118

コラム

知って得するトレーニング　ピッチャー編 ……… 28
知って得するトレーニング　バッター編 ………… 54
知って得するトレーニング　野手編 …………… 72
知って得するトレーニング　ランナー編 ……… 90

ソフトボールに必要なストレッチ体操 …… 120
監修者の紹介 ………………………………… 126

※本書は2009年発行の『試合で大活躍できる!ソフトボール　上達のコツ50』を元に加筆・修正を行ったものです。

10

PART
1

Pitching

ピッチング

スピード、コントロール、変化の3要素を
備えるピッチング技術を身につけよう。
3振を量産できるスーパーエースになるための、極意を凝縮。

ポイント No.
01 ウインドミル投法は
体の回転動作を使って全身で投げる 12

ポイント No.
02 右手のひらをミットに向ければ
正確にコントロールできる 14

ポイント No.
03 ボールスピードは
全身を素速く動かすとアップする 16

ポイント No.
04 ドロップは縫い目に指をかけて
高いところから落とし込む 18

ポイント No.
05 ライズはドアノブを回すイメージ
上投げカーブのリストワークで投げる 20

ポイント No.
06 ボールの後ろ側を切り落とし
逆回転をかけて浮き上がらせる 22

ポイント No.
07 打者のタイミングを外すチェンジアップ
手の甲側から振り出せば勢いを殺せる 24

ポイント No.
08 手首までグローブで覆い
握りを隠して投球しよう 26

ポイント No. **01** ▶▶▶ ピッチング

ウインドミル投法は体の回転動作を使って全身で投げる

コレが直る 腕だけで投げる非力な投球が改善され、力強く投げられる。

「ブラッシング」により腕を鋭くしならせる

　腕を風車のように回して投げるところから名づけられた、ウインドミル投法。ただし、腕を振り回せば速いボールが投げられるわけではない。大切なのは、**回してきた右ヒジを、右腰にぶつける「ブラッシング」のテクニック**。ぶつけた反動で腕が鋭くしなり、速いボールが投げられるとともに、コントロールも安定する。

　ボディーターンも重要。体を横向きから前に向き直すダイナミックなフォームが、よい投球には求められる。

効くツボ
1. 腕を鋭くしならせる
2. 体の回転で勢いをつける
3. 左手をしっかりと引きつける

ピッチング

効くツボ 1
右ヒジを右腰にぶつけて、腕を鋭くしならせる

ウインドミル投法を行う上で、大きく回してきた腕を体に当てる「ブラッシング」のテクニックは必要不可欠。右ヒジのやや下側を、右腰にぶつけるようにする。ぶつけた瞬間に、ヒジから先が急加速することで、腕が鋭くしなり、勢いよく振り出されるようになる。

効くツボ 2
横向きから前向きになるボディーターンで勢いをつける

全身を使って投げることが大切だ。具体的には、腕を振りかぶると同時に横向きになり、腕を振り出すとともに、再び前に向き直すようにする。横向きになることで、腕を後方まで大きく回せるようになる。そして前に向き直す体の回転力に伴い、鋭い腕の加速が導かれるのだ。

効くツボ 3
左手はしっかり引きつけて、右手との連動性を高める

ボールを持つ右手だけを頑張って振ろうとしても、なかなか勢いは増さない。右手の振りをサポートするのが、左手。左手も積極的に引きつけ、両手の連動性を高めるようにしよう。左右の動きが対称的だと、身体バランスが整うため、力強く安定したフォームで投げられるようになる。

やってみよう
前方向に勢いを伝える
勢い余って、上方向にジャンプする人がいるが、これでは力が逃げてしまう。アゴが上がっていることが、こうなる原因。アゴを引き、前方向に勢いを伝えるようにしよう。

できないときはここをチェック ✓
うまくできない人はストリングショットを試してみよう。腕を下から後方へ引き、そこから振り出す投法。動きがコンパクトになる分、安定しやすい。

ポイント No.**02** ▶▶▶ ピッチング

右手のひらをミットに向ければ正確にコントロールできる

コレが直る ノーコンがなくなり、四隅をしっかり狙える正確な投球を身につけられる。

右手のひらの向きと、リリースするタイミングを意識する

キャッチャーが要求するコースに、正確にコントロールできることが試合で勝つための第１歩。しっかりと四隅を狙えるようになると、相手バッターとしては自分のバッティングをするのが困難になる。**配球の組み立てで勝負できるようになる**ため、三振も奪いやすくなる。

また、コントロールのよいピッチャーは、フォアボールやデッドボールも与えずに済む。つまらないミスでランナーを出してしまう危険を低められるのだ。

 効くツボ
1. 右手のひらをミットに向ける
2. リリースするタイミングを変える
3. 体ごと低い姿勢になる

ピッチング

効くツボ 1

右手のひらを
まっすぐミットに向ける

キャッチャーミットに対して、右手のひらを正面向きにし、まっすぐに腕を振っていくようにしよう。これで左右のブレをなくし、正確にコントロールできるようになる。イメージとしては、ボウリングの投球に近い。投げたい方向に、シンプルに右手のひらを出していくようにしよう。

効くツボ 2

リリースするタイミングで、
上下のコントロールを調節

上下のコントロールは、ボールをリリースするタイミングで調節する。手放すタイミングを早めれば、ボールは低めに、遅くすれば高めにコントロールされる。低めはゴロを打たせやすく、凡打を誘いやすい。高めはフライになりやすいが、ヘタをすれば長打にもされやすいので注意する。

効くツボ 3

低めにコントロールするには、
体（重心）ごと低い姿勢になる

低めを狙うには、ヒザをしっかり曲げて、体ごと低い姿勢になるとよい。野球の場合は上から角度をつけて投げ込むやり方を重視する向きもあるが、ソフトボールは下から投げるため、低い姿勢の投球フォームが基本になる。腕ではなく、ヒザで高さをコントロールするように意識するとよい。

やってみよう
毎日ボールに触ろう

コントロールをよくするには、なるべく多くボールを触るとよい。部屋の中でも、天井に向かって、狙いを定めて投げてみる。これだけでも、やるのとやらないのとでは雲泥の差だ。

できないときはここをチェック ✓

ボールスピードは天性にも委ねられるが、コントロールは反復練習により開花できる部分。今はノーコンでも努力により正確に投げられるようになる。

15

ポイント No. **03** ▶▶▶ ピッチング

ボールスピードは全身を素速く動かすとアップする

> **コレが直る** 腕力で球速を求めていた悪癖を改善。楽に速球が投げられる。

下半身からスピードを伝えて、腕の振りを加速させる

ピッチャーのボールが速いほど、バッターはより早く打撃体勢に入り、ボールの見極めも早くする必要がある。つまりスピードボールは、**バッターから時間的余裕を奪う**効果があるのだ。

人間が目で見て反応できるスピードの最高速度は0.24秒。全日本クラスの速いピッチャーは、投げてからバッターの手元に到達するまでに、0.4秒を切ってくるというから、限界に迫るスピードといえる。そこに至らないまでも、速さは圧倒的な武器になるのだ。

効くツボ
1. 腕を十分に脱力する
2. 「ブラッシング」を最適化する
3. 全身を高速で動かす

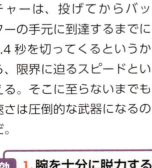

ピッチング

効くツボ 1

腕力では速くならない。
逆に脱力して投げると速くなる

スピードを上げようとして、力む人がいる。しかし力むほど筋肉は緊張し、投げる動作にブレーキをかけてしまう。腕力で投げようとすると、逆にスピードは落ちるのだ。肩を下げてアゴを引き、脱力して腕を振ろう。投球姿勢に入るところから意識してリラックスを心掛けるとよい。

効くツボ 2

「ブラッシング」の
度合いを最適化する

スピードを上げる大切な要素が、「ブラッシング」。右ヒジが右腰に当たった反動で、ヒジから先をビュンと振るようにする。ただし、強く当てすぎると逆効果。当てないのはよくないが、当てすぎると減速する原因にもなる。腕が最もしなる、最適なぶつけ度合いを見つけるようにしよう。

効くツボ 3

全身を速く動かす。
特に下半身の始動を素早く

腕を速く振るには、全身を速く動かすとよい。陸上選手もそうだが、足の速い人は腕も速く振ることができる。全身で速く動こうとすることで、腕のスイングも速くなるのだ。大事なのは、始動を速めること。下半身の動き出しが速ければ腕の振りも速くなり、ボールスピードも速くなる。

やってみよう
スピードアップには遠投
スピードアップに効果的な練習が、遠投。全身の動きがダイナミックになる。また、遠投の場合、手元が少し狂うと狙いも大きく狂う。だから正確に狙うコントロール力も高まるのだ。

できないときはここをチェック ✓
スピードをアップさせるには、地肩の強さが必要になる。下投げばかりをするのではなく、野球のピッチャーと同様、上投げもやっておくと効果的だ。

17

ポイント No. 04 ▶▶▶ ピッチング
ドロップは縫い目に指をかけて高いところから落とし込む

コレが直る ドロップの変化量が増え、バッターを楽に打ち取れる。

ストンと落として、バッターにゴロを打たせる

ドロップとは、球の進行方向に対して順回転する効果により、相手バッターの手元でストンと落下する変化球のこと。野球のフォークと同じような使い方ができる。

球の軌道を変化させることで、ピッチャーは**バッターにゴロを打たせやすくなる**。たとえばゲッツーを取りたいときなどに使用。低く沈むとバッターはボールの上っ面を薄くかすれさせて、ゴロを出す凡打が多くなるのだ。

ボールにしっかりと回転を与えて、落差をつけることが大切だ。

効くツボ
1. 縫い目に指先を引っ掛ける
2. 上から下に落とし込むイメージ
3. 前足を突っ張る

ピッチング

効くツボ 1

ボールの縫い目に指を引っ掛けてリリースする瞬間に回転を与える

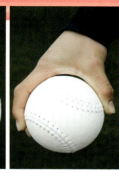

ドロップを投げるときは、しっかり回転がかかるように、握り方を工夫する。握る形は人それぞれだが、大切なのは、縫い目にしっかりと指先を引っ掛けること。写真のように、親指、人差し指、中指をかける。リリースする瞬間まで指先をしっかり意識し、強い回転をかけるようにしよう。

効くツボ 2

重心を高く維持して、上から下に落とし込む

ドロップは重心を高くして、上から下に落とし込むイメージで投げるとよい。落差を意識しやすく、実際にボールも落ちやすくなる。重心を高くするには、前足の踏み込み幅を狭めにする。大きく踏み込むと、どうしても重心が下がりやすくなり、落差を求めたいドロップには不向きだ。

効くツボ 3

ツマ先側から着地し、ヒザを少し突っ張らせる

踏み込んだ前足のヒザを、少し突っ張らせるようにすると、高い重心を維持しやすくなる。踏み込む足はカカトではなく、ツマ先側から着地するイメージ。そうすると下半身がロックされて、腕がビュンと加速して振られる。その結果、回転がよくかかって、効果的に落ちるボールになるのだ。

やってみよう
投げ上げて、回転をかける

指先でボールに、いかに回転を与えられるかがポイントになる。たとえばボールを上方向に投げ上げながら、指で引っ掛けて、回転を与える練習を行うと効果的だ。

できないときはここをチェック

手首の構造上、実際には垂直ではなく斜めの回転になる。曲がりながら落ちていく軌道を思い描くイメージと、回転をかける意識の持ち方が大切だ。

ポイント No.05 ▶▶▶ ピッチング
ライズはドアノブを回すイメージ
上投げカーブのリストワークで投げる

 コレが直る ゴロを避けたい場面で、フライを打たせて取ることができる。

高めのつり球で
フライを打たせて取る

　ボールに逆回転を与えるのがライズ。逆回転がかかったボールは、**相手バッターの手元で浮上する軌道をたどる**ように見える。「高めのライズは振るな」と指導されるくらい、手を出すとバッターにとって危ういボール。高めのつり球はボールの下側を薄くカットしてフライになりやすい。だからピッチャーは2アウト満塁など、フライを打たせて取りたいときなどに使う。

　速いストレートと、落下するドロップを交ぜて使うと実に効果的だ。

 効くツボ
1. ドアノブを回すリストワーク
2. ボールと一緒に伸び上がる
3. 「ヒザで持っていく」イメージ

ピッチング

効くツボ 1

手首を右側にひねる

効 果的な変化球を投げるには、ボールの握り方が大切になる。縫い目にしっかりと指先を引っ掛けて、鋭く回転を与えるようにしよう。ライズはドアノブを回すようにして、手首を右側にひねり、下から上に向かってバックスピンをかける。ちょうど上投げのカーブをイメージするとよい。

効くツボ 2

浮上するボールの軌道に体の動きをシンクロさせる

ドロップは上から落とし込むイメージだったが、ライズはこの逆。重心を低くして構えておき、投球動作に伴って、伸び上がっていくようなイメージを持つとよい。ちょうど浮き上がるボールと同じように、体も伸びていくようにする。ボールの軌道と体のモーションをシンクロさせるのだ。

効くツボ 3

伸び上がりながら、「ヒザで持っていく」

ライズは、踏み込み足のカカト側から滑らかに着地する。そしてヒザを伸び上がらせながら運び出すイメージで、ボールに逆回転を与えるとよい。「ヒザで持っていく」といういわれ方をよくするが、まさにそんなイメージ。腕の振りというよりも、下半身で投げるようにしよう。

やってみよう
カーブを下側で投げる

上投げのカーブを下のほうで行なえば、ライズになる。ただし、決して手先の操作だけで投げないこと。下半身から伸び上がって、全身を使って投げるようにする。

できないときはここをチェック ☑

顔の前に投げ上げ、指先で鋭くボールに回転を与えてみよう。このフィンガーワークに腕の振りをつけながら下手投げを行なえば、ライズになる。

ポイント No.06 ▶▶▶ ピッチング
ボールの後ろ側を切り落とし 逆回転をかけて浮き上がらせる

コレが直る 球種が少ないと、単調な配球になりがち。効果的な変化球を身につけられる。

相手バッターのヒザ元から浮上する、伸びのあるボールを投げる

　ライズの投げ方としてもう一つ、**ボールの後ろ側を指で鋭く切り落として、逆回転をかける**方法がある。手首の力が少ない女子選手でも、効果的な変化球を投げることが可能だ。

　たとえばローライといって、相手バッターのヒザ元からグッと浮き上がらせるような使い方ができる。バントされそうなときに用い、つり球でフライを打たせて仕留めるような投球をすると効果的である。

効くツボ
1. ボールの後ろ側を切り落とす
2. 体の後方で投げ切る
3. 体を後ろに戻すイメージ

ピッチング

効くツボ 1
ボールの後ろ側を
鋭くスパッと切り落とす

ドアノブを右に回してバックスピンを与えるのとは、逆の手首の使い方をする。手首を左側に回して、指でボールの後ろ側をスパッと切り落とそう。ボールには、上から下に向かう力が加わるため、逆回転が生じ、相手バッターの手元でホップして伸びるように見えるボールになる。

効くツボ 2
体の後方で
投げ切るイメージ

ボールを上から下に鋭く切り落とす場合、腕を前に振ってしまうと、うまく動作が行なえなくなる。体よりも後方で投げ切るイメージを持つというのが、このライズの投げ方のポイント。腕を振り出すのは、そのあと。ボールをリリースしてから、惰性で前に振り出されるようにするとよい。

効くツボ 3
鋭く切り落とすには、
体を後ろに戻す

ボールを切り落として逆回転をかけようとする場合、前に向かって投げることを意識すると、うまくいかない。体を前に流してしまわずに、逆に少し後ろに戻すようなイメージを持つとよい。鋭く切り落とすと、上から下へのバックスピンを強調した変化球が投げられるようになる。

やってみよう
ローライに挑戦

浮き上がらせる性質上、高めのライズは比較的投げやすい。難しいのは低め。バッターのヒザ元から浮き上がるローライが投げられるように、普段の練習から意識して取り組もう。

できないときはここをチェック ☑

手を前に振り出してしまうと、うまくいかない。手についた水を振り払う「水切り」のイメージで、手首を返し切るようにしよう。

ポイント No. **07** ▶▶▶ ピッチング

打者のタイミングを外すチェンジアップ
手の甲側から振り出せば勢いを殺せる

コレが直る ストレート一辺倒だと相手が慣れる。変化をつけた配球で勝負する。

突然スローボールを投げて、相手バッターのタイミングを外す

あえて遅いボールを投げるのがチェンジアップ。**速球を続けて投げて、突然スローボールを挟むことで、相手バッターのタイミングを外す**のが狙いだ。

効果的に使うには、投球動作を、スピードボールを投げるときと変えないようにすること。ゆっくり動いてしまうと、見破られてしまい、強振される。なるべくストレートを投げるフォームと同じ雰囲気を醸し出すようにして、相手バッターの意表を突く。

効くツボ
1. 「ブラッシング」を強める
2. 手の甲側から投げる
3. 前足でブレーキをかける

ピッチング

効くツボ 1
「ブラッシング」の度合いを強め、腕を振る推進力を弱める

速い投球動作からゆっくりとしたボールを投げるためには、「ブラッシング」の度合いを強めるようにするとよい。つまり、右ヒジを右腰にぶつける摩擦を、より大きくする。すると腕を速く振っても、ぶつけた時点で推進力が減衰するため、飛び出すボールはゆっくりになる。

効くツボ 2
手の甲側から投げて、パワーの伝達性を弱める

通常のストレートを投げるときには、手のひらを前向きにして、パワーをロスすることなくボールに伝えるようにする。一方チェンジアップの場合は、腕を振り出すときに手のひらの向きを逆向きにするとよい。手の甲側から振り出すようにすると、力の伝達を弱めることができる。

効くツボ 3
前足でブレーキをかけて、ボールの勢いを殺す

できるだけ前への推進力を伝えないようにすることが、チェンジアップをうまく投げるポイントだ。そのためには踏み込んだ前足を突っ張って、ヒザでブレーキをかけるようにするとよい。前足を突っ張って、体を後ろに戻すようにすると、ボールの勢いを効果的に軽減できる。

やってみよう
ボールをわしづかみにする

ボールを深くわしづかみにすると、遅いボールを投げやすい。また、手の甲側から振り出すときに、手首を甲側に返してボールにバックスピンを与えると、より効果的に投げられる。

できないときはここをチェック ☑

単調な配球では慣れてくる。速いストレートがあるからチェンジアップが活き、効果的なチェンジアップがあるから、またストレートも活きるのだ。

ポイント No. **08** ▶▶▶ ピッチング

手首までグローブで覆い握りを隠して投球しよう

> **コレが直る** 球種を見破られる心配がなくなり、変化球をうまく使える。

相手バッターに球種を見破られないように工夫する

能力の高いバッターは、ピッチャーの握りを見て球種を予測し、打撃してくる。たとえばボールをわしづかみにして握っている手元を見られると、「チェンジアップがくる」と悟られ、簡単に叩かれる。

ピッチャーは**手元を隠して握りをバッターに見せない**ように工夫しよう。案外無頓着で、堂々と握りを見せている人が少なくないが、それが打たれる原因。握りを隠し、球種を見破らないようにしよう。配球の駆け引きで勝負できるようになる。

効くツボ
1. グローブで握りを隠す
2. グローブ内で握りを作る
3. できるだけ握りをバッターに見せない

ピッチング

効くツボ 1

手首までスッポリと隠して、ボールの握りを見せない

セットポジションでは、ボールを持つ右手をグローブで深く覆い隠すようにしよう。手首までスッポリと隠して、相手バッターに見られないようにする。たとえば大きめのグローブを使ってみるのもよい。握りを見られなければ、球種を知られる心配がない。意識すればすぐにできるテクニックだ。

効くツボ 2

キャッチャーのサインに従い、グローブ内で握りを作る

キャッチャーからサインが出たら、グローブ内で右手の握りを作る。手元をモゴモゴさせず、相手バッターに握りを作っているのを気づかれないようにしよう。しかし、あえてグローブ内でモゴモゴさせて、バッターに考えさせる心理戦の駆け引きも、応用として試してみてもよい。

効くツボ 3

腕を引くときはグローブで、振り出すときは上体で握りを隠す

腕を引くときも、右手の握りが相手バッターに丸見えにならないように注意しよう。左手のグローブで右手をできるだけ長く隠し続けるようにする。それとともに、右手を振り出すときにも背中側に腕を回して、上体で右手の出所を隠すようにする。こういった工夫がバッターを苦しめるのだ。

やってみよう
キャッチャーに見てもらう

握りを隠しているつもりでも、相手側から見えていることもある。ウォーミングアップ時に意図的に握りを見せないようにし、手元が隠れているかキャッチャーに確認してもらおう。

できないときはここをチェック ✓

相手の3塁ランナーコーチも、ピッチャーの手元を盗み取ろうとしている。握りを隠す場合は、バッターのみならずランナーコーチの目も気にしよう。

知って得するトレーニング
ピッチャー編

インナーマッスルを鍛える

肩の力が強いほど、速いボールを投げられるようになる。ピッチャーは、チューブを引っ張るトレーニングで、肩の強化に努めるとよい。

写真は、チューブを柱に引っ掛けて、右手で外側に引っ張るトレーニング。肩の深層部にあるインナーマッスルを鍛えるのに有効で、トレーニングを続けていると、速いボールを投げられるようになる。また、肩の持久力アップ、故障予防にも効果的だ。

チューブを引っ張って、肩を強化する

筋肉の炎症拡大を防ぎ、疲労回復をうながす

関節の可動域を広げる

アイシングで肩、ヒジをケア

練習や試合で使った肩、ヒジは、アイシングでケアしよう。ビニール袋や氷のうに氷水を入れて、酷使した部位をよく冷やす。

1回に20分程度が目安。感覚がなくなるまで冷やし、これを数回繰り返す。やりすぎて凍傷にならないように注意する。

肩をストレッチ

肩のケアを考える上で、ストレッチは欠かせない。時間を確保してしっかり行うようにしよう。関節の可動域が広がれば、ケガを予防するほかにもプレーパフォーマンスの向上が期待できる。

練習前はもちろん、練習後もクーリングダウンとして行うとよい。

PART 2

Batting
バッティング

ミート率を高めることが、優れたバッターになる条件。
苦手コースをなくし、引っ張るのも流すのもできる
多彩なバッティング技術を身につけよう。

ポイントNo.		
09	ミート率を上げるには バットを短く持ってコンパクトに振る	30
10	体の回転を速くすれば スイングスピードも速くなる	32
11	流し打ちは引きつけて バットを狙う方向に向ける	34
12	叩きつけは、高めのボールを 上から下に叩き落とす	36
13	インコースは前足を開き ど真ん中に変換して打つ	38
14	アウトコースは流し打ち バッターボックスに詰めて構えよう	40
15	送りバントは後ろで構え 打撃直前に前に詰めて打つ	42
16	セフティーバントで意表を突く バントの姿勢を一瞬で作ろう	44
17	左バッターならではのスラップ 走りながら打ち、好スタートを切る	46
18	強く弾くプッシュバント 芯で捕らえ空いた野手間のアキに飛ばす	48
19	野手を木っ端微塵にするバスター バントの姿勢から一瞬で切り替える	50
20	ヒットエンドランは 野手の空間を狙って打つと決まる	52

ポイント No.**09** ▶▶▶ バッティング

ミート率を上げるにはバットを短く持ってコンパクトに振る

> **コレが直る** 大振りしてしまい、バットの芯に当てられない悩みを、軽減できる。

最短距離でボールに向かえば、芯で捕らえやすくなる

　バッティングではとにかく、**バットの芯でボールを捕らえることが大切**だ。ボールに当てさえすれば、三振はない。フェアゾーンに飛ばせば相手野手のエラーも誘えるので、出塁するチャンスも得られる。

　また、ミート率が高ければ、ヒットエンドランに打って出る戦略的な仕掛けもできるようになる。

　相手ピッチャーにしても、ミート率の高いバッターは嫌なもの。だから際どいコースを狙わせて、フォアボールも誘えるようになる。

効くツボ
1. バットを短く持つ
2. 空手チョップのイメージ
3. 近めのボールを狙う

バッティング

効くツボ 1

バットを短く持てば、操作性が上がりミート率アップ！

ミート率を上げるには、短く持ってバットの操作性を高めるようにするとよい。コンパクトに、シャープにスイングしよう。長く持つと長打は期待できるが、ミート率は基本的に下がる。短く持てば芯に当てやすいのはもちろんだが、急激な変化球にも対応しやすいから、空振りも免れる。

効くツボ 2

空手チョップのイメージで、最短でボールに向かう

コンパクトに振る。感覚的には、ボールに対して左手で、空手チョップを繰り出すイメージだ。小指側から最短距離でボールに向かうようにしよう。決して大なたを振り落とすイメージではない。大振りするとスイング軌道が乱れやすく、遠回りでボールに向かうから、ミート率も悪くなる。

効くツボ 3

近め（内角）のボールを狙い、コンパクトなフォームで打つ

腕が伸び切るような遠いボールは大振りしやすく、ミートしにくい。できるだけ小さく、コンパクトにスイングすることが大切だ。だから近めで、ヒジを少し曲げて打てるボールを狙ったほうが正確。ミート率が悪いという人は、遠いボールに手を出して大振りしていないか、確認してみよう。

やってみよう
スイングは徐々に大きく
ヒッティングは、バントを大きくしたものと考えるとよい。だからミート率が悪い場合は、バントの練習から始め、徐々にスイングを大きくしていくと、よい感覚を取り戻せるようになる。

できないときはここをチェック

バッターボックスから離れて立つと、遠いボールを打つことになるので、ミート率を維持しにくくなる。ボールを恐れずに、近づいて打つようにしよう。

ポイント No. **10** ▶▶▶ バッティング

体の回転を速くすれば スイングスピードも速くなる

> **コレが直る** 腕力で振ると、スイングスピードは鈍る。体で振る感覚を身につけられる。

スイングスピードをアップさせれば、ボールの見極めが正確になる

　スイングスピードをアップさせれば、長打が期待できる。また、速く振れれば、相手ピッチャーの投球に対して余裕を持てるので、球筋や変化球の見極めがより正確にできるようになる。

　ただし、いたずらにバットを振り回せばスイングスピードが速くなるわけではない。**腕を振ろうとするよりも、体の回転を速くする**ことがポイント。体を速く回せば、回転運動に腕の動きが追随し、バットも高速で振れるようになる。

効くツボ
1. 右手を真上、左手を真下に向ける
2. 体の回転を速くする
3. ヒジを伸ばし気味にする

バッティング

効くツボ 1

速く振るには、右手を真上、左手を真下に向ける

スイングスピードを上げるには、バットの握り方が大切。最も力を伝えやすいグリップで握るようにしよう。ヒッティング時に、右手が上、左手が真下を向くようにする。個人差はあれど、この手のひらの向きが大きく違ってしまうと、スイングに違和感が出てスムーズに振り切れないのだ。

効くツボ 2

腕を速く振るには、体の回転を速くすること

スイングを速くするには、体の回転を速くすることが大切だ。腕を一生懸命振ろうとすると、力みが生じて逆に遅くなりかねないから注意しよう。イメージとしては、バットを「振る」というよりも、体の回転力に導かれてバットが「振られてしまう」という感覚だ。

効くツボ 3

ヒジを伸ばし気味にして、スイングスピードを加速

ミート率を上げるには、ヒジを曲げて振ったほうがよかった。しかし力を逃さずにスピードを上げて振り切るには、打つときにヒジを伸ばすとよい。スプリンターは着地するとき、脚を少し伸ばし気味にするが、そのほうが力が逃げずに速く走れるから。それと同じ理由で腕を伸ばし気味にしよう。

やってみよう
最適のスタンス幅を探る

スタンスは、外国人は広めのほうが、日本人は狭めのほうが、体を回しやすいと一般的には言われている。自分にとって、体を回しやすいスタンス幅を見つけるように努めよう。

できないときはここをチェック ☑

ヒッティング時の、前腕とバットの角度は、直角に近くなるようにしよう。力が最も伝わりやすく、スイングスピードも加速させやすい。

ポイント No. **11** ▶▶▶ **バッティング**

流し打ちは引きつけて バットを狙う方向に向ける

> **コレが直る** 広角に狙って打つ打撃力が身につき、多彩な打ち分けができる。

逆方向を狙い打ち。エンドランを仕掛けて出塁できる

　流し打ちとは、センター方向よりも、右バッターなら右側へ、左バッターなら左側へ打つバッティングテクニック。これができるようになると、たとえば左バッターだとヒットエンドランを仕掛けながら、ゲッツーになりにくいなどの効果が期待できる。たまたまそちら側に飛んだ、というのではなく、**しっかり狙って流し打ちができる**ようになろう。

　方向性を定めるためのバットの向きと、引きつけて打つタイミングの操作などがポイントになる。

効くツボ
1. 狙う方向にバットを向ける
2. 引きつけて打つ
3. 叩きつけてゴロを転がす

バッティング

効くツボ 1

狙う方向にバットを向ける。ただしバットヘッドは下げない

流し打ちを成功させるには、打つ瞬間に、流したい方向にバットをしっかりと向けることが大切だ。右バッターならライト方向に角度をつける。ただし、そうするとバットヘッドが下がってフライになりやすい。バットを狙う方向に向けつつ、ヘッドを下げすぎないように注意しよう

効くツボ 2

タイミングを遅らせて、引きつけて打つ

流し打ちをする方向にバットをうまく向けるには、ヒッティングポイントを通常よりも引きつけ気味にする。つまりタイミングを遅らせて打つことで、バットは自然と流し打ちの方向を向き、うまく狙いどおりの打撃ができるようになる。打ち急ぐとどうしても引っ張りやすいので要注意。

効くツボ 3

上から下に叩きつけ、確実にゴロを転がす

ボールの上っ面を狙って上から下へと叩きつけるようにするとよい。まともに打ちにいくと、ツボ1で説明したようにバットヘッドが下がり、すくい上げてしまいやすい。流し打ちは力を加えにくい打ち方。よほど筋力がないと大きく飛ばせないので、基本的には転がすようにしよう。

Let's やってみよう
野手を置いて練習しよう

始めは、流し打ちをする方向に野手についてもらい、角度をつけて打ち返す練習をするとよい。近い距離から始めて、当てるだけの段階から慣れていくようにしよう。

できないときはここをチェック ☑

狙って放つ流し打ちは、慣れないうちは難しく感じる。できなければバントで方向づけするところから始め、徐々にヒッティングに移行していこう。

35

ポイント No. **12** ▶▶▶ バッティング

叩きつけは、高めのボールを上から下に叩き落とす

 コレが直る 叩きつける力強さが備わり、打球を高く弾ませることができる。

叩きつけて弾ませて、その間に出塁、進塁を成功させる

叩きつける技術は、バッティングにおいてことのほか重要。たとえばノーアウトランナー1、2塁のとき、叩きつけて高く弾ませれば、その間にランナーはそれぞれ2、3塁へと出塁可能。とくにソフトボールは塁間が短いので、俊足ならバッター自身が生きる可能性がある。

打ち上げてしまうと、ランナーを進塁させることもできないし、自分が生きる可能性も低い。叩きつけて、意図的に弾ませる打撃テクニックをマスターしよう。

効くツボ
1. 右手を返して押さえ込む
2. ボールの上っ面を叩く
3. 高めのボールに対して仕掛ける

バッティング

効くツボ 1

右手をしっかりと返して、押さえ込もう

叩きつけるには、ヒッティングの瞬間にしっかりと右手を返して、バットヘッドでボールを押さえ込むようにする。思い切って地面に打ちつけるようにしよう。右手の返しがないと、バットヘッドが返り切らず、打球が弱々しくなって高く弾ませられない。鋭く右手を返すようにしよう。

効くツボ 2

ボールの上っ面を狙って、上から下にスイングする

ボールのどこをコンタクトするかも、大切なポイント。飛んでくるボールの真後ろや、下側ではなく、上っ面を狙ってガツンと振り下ろしていこう。遠くに飛ばすのではなく、地面に思いっ切りぶつけるとよい。跳ねさせて、滞空時間を作れば、その間にランナーは進塁できるようになる。

効くツボ 3

高めのボールに対して上から下に叩きつける

叩きつけは、高めの投球に対して仕掛けやすい。低いボールは、正確にヒットするのが難しく、すくってしまいやすいので注意が必要となる。たとえば中途半端なライズなどが狙い目。浮き上がってくるところを、カウンター気味に上から下へと弾き返すようにしよう。

やってみよう
トスバッティングで練習

叩きつける感覚を養うには、トスバッティングを繰り返し行なうとよい。ボールを思い切って強振。上から下へと、地面に目がけて強く叩きつけるようにしよう。

できないときはここをチェック ☑

刀で切り下ろすようなイメージを持つとよい。また、ボールの見極めも大切。低めに手を出さず、高めのボールに照準を合わせて狙っていこう。

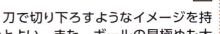

ポイント No.**13** ▶▶▶ バッティング

インコースは前足を開き
ど真ん中に変換して打つ

> **コレが直る** 苦手なインコースを、得意のストライク球に変えて打てるようになる。

苦手なボールを絶好球にして叩き返す

　優れたピッチャーは、インコースとアウトコースをうまく投げ分けてくる。バッターは、両コースともうまく打ち返せるように練習しておこう。

　バッターの苦手コースが相手バッターに知られると、そこを中心に攻められて、厳しい対応を強いられる。**インコースが苦手というのなら、前足を開いて打つテクニックを試すとよい**。苦手なボールを絶好球にして打ち返せるようになる。

効くツボ
1. 内側に詰めて構える
2. 前足を開いて体を逃がす
3. 前側に立って広角に打つ

バッティング

効くツボ 1

インコースに投げられても、内側に詰めて構えておく

インコースを投げてくるピッチャーに対して、最初からバッターボックスの外側に寄って構えるのはNG。インコースは打ちやすくなるかもしれないが、アウトコースに投げられたときに届かないから、空振りをする。どのコースにも届くように、内側に詰めて立つのが基本だ。

効くツボ 2

前足を開いて踏み出し、インコースをど真ん中にする

インコースに投げられたら、バッターボックスの内側に詰めて構えていると、詰まらされて窮屈なスイングになる。バッターは前足を開いて踏み出すのがポイント。体を逃がせば、インコースをど真ん中のストライク球に変えことが可能。踏み込み足の調節で、どのコースも打てるようになる。

効くツボ 3

前に立って構えるほど、成功確率は高くなる

特にインコースは、バッターボックスの前側に立って構えるとよい。前に立つほど広角に打てて、ボールが多少左右に散ばってもフェアグラウンドに落とし込める。逆に後ろに立つほど打てる範囲は狭まってしまう。立ち位置を工夫するだけで、打ちやすさはまったく違ってくるのだ。

やってみよう
最初から足を開いて構える

インコースは足を開いて打つと説明した。これを逆手に取り、最初からオープンスタンスで構えてみよう。アウトコースが狙われて、実際に飛んできたら、前に踏み込んで打ちにいけばよい。

できないときはここをチェック ☑

インコースはピッチャーにとっても投げるのが難しい。インコースを打つのが苦手なら、見逃してアウトコースを狙うのも手だ。

ポイント No. **14** ▶▶▶ バッティング

アウトコースは流し打ちバッターボックスに詰めて構えよう

コレが直る アウトコースを流し打ちにして、無理せず打ち返せる。

遠いボールだから、ストライクとボールの見極めが大切

アウトコースは、遠いボールを打つので力が必要となる。また、ピッチャーもバッターにぶつける心配がないから、思い切って投げ込んでくる。アウトコースにいいボールを投げられると、対応は困難。そんな場合でもアウトコースのボールをカットしてしのぐ技術を持っていれば、甘いボールを待ってチャンスが得られるようになる。

アウトコースは距離が遠いので、ボール球かどうかの区別も難しい。**見極めるための選球眼も必要**だ。

効くツボ
1. 内側に詰めて構える
2. ラインを引いて選球眼を養う
3. 無理せず流し打ちにする

バッティング

効くツボ 1

内側に詰めて構えれば、ボールを見やすいし、リーチも届く

アウトコースを攻略するには、バッターボックスの内側に詰めて立つ。そうすれば遠いボールでも、ストライクとボールを見分けやすくなり、リーチも届くようになる。もしインコースに来たら、前足を開いて裁けばよいのだ。つまりインコース攻略と立ち位置を変えないことが基本になる。

効くツボ 2

グラウンドにラインを引いて選球眼を養う

アウトコースは、体からボールが遠いため、ストライクかボールか、見極めが困難である。グラウンドにラインを引いて、ストライクかボールかを見極める目を、養うようにしよう。また、ボール球は徹底して振らないことが大切だ。思わず手が出てしまわないように、注意しよう。

効くツボ 3

無理せず確実性を重視して、アウトコースは流し打ち

アウトコースはセンターに引っ張れともいわれるが、無理に引っ張ると引っ掛けて、ショートゴロなどになりやすい。流し打ちにして、逆側に飛ばすのが手堅いといえる。ボールの上っ面を狙って転がそう。アウトコースは打ち返すのに力がいるので、無理せず確実性を重視すること。

やってみよう
コースに応じて打ち分ける

インコースは引っ張る、アウトコースは流す、真ん中に来たらピッチャー返しの打ち分け練習をしてみよう。コースによる打ち分けが可能になれば、臨機応変の対応ができる。

できないときはここをチェック ☑

体から遠いボールを打つので、バットコントロールも難しくなるのがアウトコース。力も必要だから長打を狙わず、まずは当てることを目標にしよう。

41

ポイント No.**15** ▶▶▶ バッティング

送りバントは後ろで構え
打撃直前に前に詰めて打つ

> **コレが効く** 相手野手の、送りバント処理を遅らせて、ランナーの進塁をアシストできる。

**送りバントを成功させると、
攻撃がつながるから盛り上がる**

　送りバントはランナーを進塁させて、スコアリングポジションに到達させるための重要な手段。試合で勝つためには必要なスキルの一つなので、しっかりと身につけよう。

投球直後のピッチャー前に転がすのがコツ。慌てさせてゴロ処理のミスや、暴投を誘える可能性が高い。

　成功すると次の攻撃につなげられるので、チーム全体の雰囲気も盛り上がる。実際、強いチームは送りバントをうまく使っている。

効くツボ
1. 後ろで構えておき、前に詰めて打つ
2. 頭とバットを近づける
3. ヒザの屈伸で高さを調節する

バッティング

効くツボ 1

後ろで構えてキャッチャーを下げ、打つ直前に前に出て打つ

送りバントは確実にグラウンド内に落とし込む必要がある。だからバッターボックスの前側で構えるようにしよう。ただし初めから詰めて構えると、キャッチャーも前に出てくるため打球を素早く処理され、走者を刺されやすい。バッターはまず後ろに構えておき、打つ直前に詰めるとよい。

効くツボ 2

顔とバットを近づけて打つ。目線をボールの高さに合わせよう

バントは、顔とバットの距離をできるだけ近づけて打つようにする。目線とボールの高さを合わせるようにするとよいのだ。頭とバットの距離が離れるほど、正確に当てるのが難しくなり、ミート率が低下。フライを浮かせてしまうとゲッツーにもなりかねないから注意しよう

効くツボ 3

手先でバットを操作しない。ヒザの屈伸で高さを調節しよう

バットを手先でコントロールしようとすると、ブレやすい。そうではなく、バットと顔の距離は変えないようにして、ヒザの屈伸で高さを調節するのが正確にミートさせるポイント。低めのボールであっても、バットヘッドをなるべく起こしたまま、ヒザを深く曲げて対応するとよい。

やってみよう
先端に当てて勢いを殺す

バットの芯でまともに当てると、相手ピッチャーの足元まで勢いよく転がってしまい、素早く捕球されてランナーを刺される。バットの先端で当てて芯を外し、球の勢いを殺すようにする。

できないときはここをチェック ✓

バントは、恐がっていると成功しない。バットを体の正面に構え、近い距離から投げてもらい、ボールを軽く当てるところから始めてみよう。

ポイント No.16 ▶▶▶ バッティング
セフティーバントで意表を突く バントの姿勢を一瞬で作ろう

コレが直る 相手の意表を突き、自分が出塁できるバントを打てるようになる。

ピッチャー前に転がして バントで出塁を狙う

バッター自身が出塁することを目指すのがセフティーバント。足の速い選手なら、ぜひ身につけておきたい。セフティーバントをすると、野手はバント処理に慌ててファーストへ暴投することも多いので、さらなる進塁が望める。

長打ばかりではなく、こういった**小細工ができるようになると、相手ピッチャーは非常に嫌がる**。ホームランの直後に、いきなりセフティーバントを仕掛けるというのも、意外性があって効果的だ。

効くツボ
1. 意表を突く
2. 脱力して構える
3. ピッチャー前に転がす

バッティング

効くツボ 1

「バントはない」雰囲気から、意表を突いて仕掛ける

ヒッティングするのとまったく変わらない雰囲気でいることが大切。そうして「バントはない」と相手チームに思わせよう。たとえば1球目は、全力のスイングであえて空振りし、強打する姿勢を見せる。そして相手野手のポジションを下げておいてから、セフティーバントを仕掛けるのだ。

効くツボ 2

バットを持つ腕から力を抜き、素早くバントの姿勢になる

ヒッティングの構えを見せておいて、ピッチャーが投げる瞬間にバントの姿勢にスイッチする。この動作を切り替えるタイミングが重要だ。打ち遅れない範囲内で、できるだけタイミングを遅らせた方が決まりやすい。そのためには腕の力を抜いて、一瞬でバントの姿勢になるようにしよう。

効くツボ 3

ピッチャー前に転がせば、セーフになる確率が高い

セフティーバントの狙いは、相手のピッチャー前。投げた直後なので、フィールディングが乱れたり、遅れたりしやすい。意表を突くことができれば、ソフトボールは塁間が短いので成功率も高められる。サードやファーストは、一般的にフィールディングがうまいので、避けたほうが無難。

やってみよう
走りながらバントする

バントをしたら、すぐに1塁へ走り出そう。感覚としては、走りながらバントするイメージ。打つ瞬間には、体は1塁へスタートを切っているくらいのタイミングでいることが大切だ。

できないときはここをチェック ☑

まずバントを決めなければ話にならない。そのために、相手ピッチャーが投げたらすぐに、バントの姿勢に移行し、余裕を作り出すようにする。

45

ポイント No. **17** ▶▶▶ バッティング

左バッターならではのスラップ
走りながら打ち、好スタートを切る

> **コレが直る** 内野ゴロでも、左バッターなら素早く始動すれば、出塁できる。

**打球が転がっている間に
素早く走り出して、出塁を狙う**

　左バッターが、**走り出しながら打ち、出塁を狙う**のがスラップというテクニック。セフティーバントに似ているが、これは左バッター専用の技術で、塁間の短いソフトボールならではのユニークな攻撃法といえる。

　強く転がすと打球が速くなり、すぐに処理されてアウトにされてしまう。ポンと軽く、距離が遠いショート、またはサード方向に飛ばして、打球が転がっている間に出塁を目指そう。あるいは叩きつけて、高く弾ませるのも有効だ。

> **効くツボ**
> 1. 打ちながら走り出す
> 2. 距離の長いショートに転がす
> 3. ライズボールを叩きつける

バッティング

効くツボ 1

打ちながら走り出す。
1歩目は後ろ足からスタート

スラップは、できるだけ速く1塁ベースに到達するのが至上目的。きっちり止まって打つのではなく、走り出しながら仕掛けるようにしよう。そのためには、後ろ足が前足をまたいで、クロスする格好でヒッティングの体勢に入るとよい。タイミング重視で、とにかく当てて前に転がそう。

効くツボ 2

ショート方向に転がせば
セーフになる可能性が高い

ボールを転がすのは、基本的にショート方向。ファースト方向は、素早く処理されるからNG。サード方向も警戒されて前に詰めてこられるので、難しいといえる。ショート方向に飛ばせば、一番距離が長く、送球に時間がかかるので、セーフになりやすいのだ。

効くツボ 3

ライズボールを上から
押さえ込んで叩きつける

軽めに転がす方法と、強く叩きつける方法の2種類。大きく弾ませれば、バウンドの滞空時間を利用してその間にセーフになる可能性が高い。相手ピッチャーの球種がドロップだと、急激に落ちるので、叩きつけるのは困難。下から浮上してくるライズを上から押さえ込むようにする。

やってみよう
後ろから前に走り込む

バッターボックスの後ろ側で構えておいて、相手ピッチャーが投げると同時に前進。後ろから前に移動しながら打ち、その勢いのまま、一気に走り出すようにしよう。

できないときはここをチェック ☑

相手ピッチャーが、投げてから走り出していたのでは遅すぎる。間に合わない場合は、スタートを切るタイミングを思い切って速めてみるとよい。

47

ポイント No. **18** ▶▶▶ バッティング

強く弾くプッシュバント
芯で捕らえ野手間のアキに飛ばす

 コレが直る 野手をおびき出してから仕掛ければ、セーフになる可能性が高い。

相手をおびき出してから、強く弾き返す意表外の作戦

　普通にバントする姿勢を見せておいて、相手野手を前におびき寄せる。その上で、**バットをプッシュして強くボールを弾き飛ばし、空いている野手間に転がす**のがプッシュバントだ。

　ランナーを進めたいときで、野手が前進守備をしてくるときに使うと効果的。特に女子の場合は、かなりの前進守備をしてくるチームがあるから、そんな相手に仕掛けるとよい。成功させると精神的ダメージを負わせることができる。

 効くツボ
1. バットの芯で捕らえる
2. セカンド方向を狙う
3. 確実に転がす

バッティング

効くツボ 1

バットの芯で捕らえて、勢いよく弾き返す

普通のバントは、バットの先端側に当ててボールの勢いを殺す。しかしプッシュバントを打つときには、芯で捕らえて、勢いよく弾き返すようにする。そうして勢いをつけて転がし返すことで、強いゴロを放ち、バントを仕掛けたバッター自身も出塁できるようにするのだ。

効くツボ 2

空いた野手間に飛ばす。セカンド方向がオススメ

ピッチャー、ファースト、サードをおびき出し、それぞれの中間を抜くようにする。特にセカンドを狙うのが効果的だ。この状況では通常、セカンドは空いたファーストのベースのカバーに入るが、ゴロ処理をさせることでその動きを止めることが可能。相手の守備をかく乱できる。

効くツボ 3

ピッチャーライナーにならないように、確実に転がす

プッシュバントの名のとおり、芯で捕らえた上で、プッシュしてボールに勢いを与えるようにする。普通のバントをすると見せかけて、相手の意表を突くのだ。ただし、強く当てることだけに意識がいくと、ピッチャーライナーになりやすい。押しを加えつつ、確実に転がすようにしよう。

やってみよう

素早さと勢いを足で作る

後ろ足から駆け出し、走りながら仕掛ける。これには二つの意味があり、一つはスタートダッシュを早めるのが狙い。もう一つは足で運べるので、プッシュする力を強めることができる。

できないときはここをチェック ✓

プッシュバントは芯に当てて、強く大きく飛ばす。そのためにはボールをよく見て、正確にミートできるように練習しておく必要がある。

49

ポイント No. **19** ▶▶▶ バッティング

野手を木っ端微塵にするバスター
バントの姿勢から一瞬で切り替える

> **コレが直る** バット操作と身体動作が速くなり、バスターの振り遅れがなくなる。

野手を前進させた上で、強く叩きつける

バスターには、「ぶっ壊す」とか、「メチャクチャにする」という意味がある。バントの姿勢を見せて、相手野手をおびき出したら、**強振に切り替えて野手の守備を木っ端微塵にする**イメージだ。

ノーアウト、あるいは１アウトランナー１塁などのシチュエーションで使用。バッターは、バントの構えを取ることで目線が安定するので、バッティングの正確性も増す。そういう意味では初心者にも取り組みやすい攻撃法だ。

効くツボ
1. 脱力して、動作を一瞬で切り替える
2. 勢いよく叩きつける
3. 短く持って操作性を高める

バッティング

効くツボ 1

腕を脱力しておいて、動作の切り替えを一瞬で行なう

「いかにもバントをする」というムードを漂わせること。そうして野手を前におびき出しておいて、ヒッティングに切り替えてあざむく。バントからヒッティングに移行するタイミングは、できるだけ遅らせたほうが望ましい。脱力し、動作の切り替えを素早く、一瞬で行うようにしよう。

効くツボ 2

勢いよく叩きつけて、相手野手をのけ反らせる

バントの構えから素早くバットを引いて、ヒッティングにスイッチするのがバスター。振り幅は自ずとコンパクトになるから、長打を狙うものではない。しっかりと上から下に叩きつけて、バウンドして跳ねさせ、相手野手をのけ反らすようなヒッティングを目指すとよい。

効くツボ 3

バットを短く持って操作性を高め、動作を高速化する

バントの構えからヒッティングに切り替えるから、バットの握りは短くしたほうがよい。バットの操作性を高めて、動作速度を速めるようにしよう。長く持っていると、食い込まれて、窮屈な打ち方になってしまう。詰まらされると弱いゴロになり、簡単に処理されてしまうのだ。

やってみよう
相手を惑わせる工夫が大切

バスターの構えを見せるが、もう一度バントに構え直して、プッシュバントで出塁を目指す。あるいはわざとバスターを空振りしてもよい。相手を戸惑わせることが肝心だ。

できないときはここをチェック ✓

振り遅れるときは、動作をできるだけ早く、コンパクトにする。試合でいきなりはできないから、普段のトスバッティングのときから練習しておこう。

ポイント No. **20** ▶▶▶ バッティング

ヒットエンドランは野手の空間を狙って打つと決まる

> **コレが直る** 打つコースの狙いが定まり、打者をうまく進塁させることができる。

ランナーは確実に走り、バッターは確実に転がす

ヒットエンドランは、ランナーが盗塁を仕掛けることで相手野手（セカンドやショート）が2塁ベースのカバーに入る、その隙をついて空いた空間を狙い打ちするテクニックだ。1塁ランナーは、素早いスタートを切ることで、**普通のレフト前ヒットでも3塁まで進塁できる**可能性もある。ただし危険性も高い。バッターが空振りするとランナーが刺されたり、フライを打つとゲッツーになったりする。使うときには慎重さと思い切りが大切だ。

効くツボ
1. 空いた空間にゴロを転がす
2. 後ろ側に立ってキャッチャーを下げる
3. 短く持って叩きつける

バッティング

効くツボ 1

成功の秘訣は、ゴロを空いている空間に転がす

成功させるには、ゴロを転がすことが条件。浮かせてフライにすると、ゲッツーになる危険性が非常に高いのだ。そして、空いた空間を狙うのが成功させる秘訣。1塁ランナーが盗塁を仕掛け、セカンドやショートが2塁のベースカバーに入ったその動きを見て、空いた場所を狙い打ちする。

効くツボ 2

バッターボックスの後ろに立ち、キャッチャーを後方に下げる

バッターはバッターボックスの後ろ側に詰めて立つ。そうしてキャッチャーの位置を後方に追いやっておこう。仮にバッターが空振りしても、ランナーは走るのがヒットエンドランという作戦だ。キャッチャーを後方に下げておけば送球を遅らせて、ランナーを生かせるかもしれない。

効くツボ 3

ヒットエンドランは、確実に叩きつける

バッターはゴロを転がすために、バットを短めに持って操作性を高め、確実に叩きつけるようにしよう。長く持つとミート率が下がるというのが基本的な考え方だからだ。ヒットエンドランを仕掛けつつ、長く持って長打を狙おうとするのは、二兎を追って一兎も得ない結果に終わる。

やってみよう
いろんなエンドランを使う

一般的なヒットエンドランに加えて、バスターエンドラン、スラップエンドラン、セフティーバントエンドランなどを組み合わせて使ってみよう。相手チームをかく乱できる。

できないときはここをチェック ✓

ヒットエンドランは、空振りしても可。できないからといって、無理に打ちにいくと、フライやライナーになって、ゲッツーを免れない。

53

知って得するトレーニング
バッター編

リストを強化する

バッティングにおいては、鋭いリストワークが重要になる。負担を強いる部位にもなるので、日頃から強化に努めたい。

バットグリップを片手で持ち、そこを支点に写真のように、バットヘッドを左右にゆっくりと動かそう。左手で右ヒジを固定し、動作を安定させるとよい。左右とも、負荷を感じるまで繰り返す。

バットグリップを片手で持ち、ヘッドを左右にゆっくりスイングする

片手打ちバッティング

片手でバットを持ち、近くから出してもらったボールをヒットする練習。リスト強化の目的もあるが、片手でバットを操作する感覚を身につけることで、より高度なミートテクニックを培うことができる。

改めて両手でスイングすれば、正確にボールを捕えられるはずだ。

片手でバットを操作し、ヒットする

PART

3

Fielding

フィールディング

ゴロやフライの捕球技術は、どの選手にも必要。
各ポジションに求められる
フィールディングのテクニックをマスターしよう。

ポイントNo.
21 下から上へのグラブさばきで
正確な捕球と素早い送球ができる ………56

ポイントNo.
22 片手によるゴロ捕球は
手のひらを真正面に向ければ正確 ………58

ポイントNo.
23 フライ捕球はグローブを横にして
次に投げやすい人がキャッチする ………60

ポイントNo.
24 ピッチャーも野手の1人
投げたらすぐに備える ………62

ポイントNo.
25 キャッチャーも機敏な動作が必要
足を前後にすれば、素早く動ける ………64

ポイントNo.
26 フィールド全体を見渡しながら
身振りと声で各野手に指示を与える ………66

ポイントNo.
27 内野手は素早い動作が必要
クイックモーションを心掛ける ………68

ポイントNo.
28 外野手はフライの捕球後
すぐに内野手に返球する ………70

ポイント No.21 ▶▶▶ フィールディング
下から上へのグラブさばきで正確な捕球と素早い送球ができる

> **コレが直る** 捕り損ないが減るとともに、送球動作にも素早く移行できる。

確実にキャッチし、素早く右手に持ち替える

内・外野手を問わず、ピッチャーも含め、**ゴロ捕球の技術は、守り側の全員が備えておかなくてはならない**ものだ。うまく捕球すれば、ゴロでもパーンと心地よい音が鳴る。快音を響かせるのを目指して、グローブの真ん中でキャッチするようにしよう。

バランスよく捕球すると、次の送球動作もスムーズ。特にソフトボールは塁間が短いため、相手ランナーが早く塁に到達するから、捕ったらすぐに投げる必要がある。

効くツボ
1. グラブさばきは下から上へ
2. 左足を前に出してキャッチ
3. 放物線の頂点で捕る

フィールディング

効くツボ 1

ゴロ捕球のグラブさばきは、下から上に引き上げる

グローブを下に構えておき、キャッチすると同時にグローブを引き上げる。下から上へのグラブさばきで処理するのが基本だ。こうすることで、バウンドの動きに合わせた捕球が可能。それと同時に右手へのボールの握り替えがスムーズになるので、最速で送球する体勢を整えられる。

効くツボ 2

左足を前に出して捕球すれば、次の送球がスムーズになる

捕球する側の足（左足）が前になる姿勢でキャッチするのが理想。そうすれば、直後にスローイングの体勢に、速やかに移行できる。足が逆になると、投げるまでに余分なワンステップが必要になるため、送球が遅れてしまう。上体を安定させるには、左足のカカトから着地するのもポイントだ。

効くツボ 3

ゴロが描く放物線の頂点で捕るのが、一番簡単!

ゴロが描く放物線のどこで捕るか。最も捕りやすいのは、バウンドの頂点。上にも下にも力が釣り合った瞬間で、スピードが一番遅く感じられる。バウンド直後のショートバウンドも、反射的に捕れるので案外簡単。跳ねてきて頂点に達する間際あたりが、バウンドの変化が大きく最も難しい。

やってみよう
ゴロでキャッチボール

肩を温めるのがキャッチボールの狙い。しかし体がほぐれてきたら、キャッチボールにもゴロを交ぜてみよう。ありきたりなウォーミングアップではなく、実戦を想定した練習ができる。

できないときはここをチェック ☑

ボールをやさしく転がし、素手でキャッチする練習がオススメ。手のひらをボールに向けて、正確にセットする感覚が養える。

ポイント No. ▶▶▶ フィールディング

片手によるゴロ捕球は手のひらを真正面に向ければ正確

> **コレが直る** 無理して両手で捕る必要がなくなり、守備範囲が広がってミスがなくなる。

シングルハンドでキャッチし、リーチを拡大する

本来なら両手で捕球するのが望ましいが、打球方向や体の向きによっては、片手でさばいたほうがきれいに捕れるケースもある。遠いボールなどは両手で捕ろうとするとバランスを崩しやすいが、**片手を伸ばせばリーチが広がり、守備範囲が拡大する。**

両手でキャッチする基本に慣れてきたとき、あるいは両手で捕ろうとするとバランスを崩してしまうときなどは、シングルキャッチにトライしてみよう。

効くツボ
1. 手のひらを真正面に向ける
2. ショートバウンドは「パ・パン」
3. 捕ると同時に右手に投げ渡す

58

フィールディング

効くツボ 1
ボールに対して手のひらを真正面に向ける

ゴロ捕球の基本は、ボールに対して手のひらを、真正面に向けること。ボールがグローブ内に一番入りやすい状態を整えることが大切になる。ボールに対して手のひらが斜めを向くと、グローブに入りにくく、入っても飛び出しやすくなるのでうまくキャッチできない。

効くツボ 2
ショートバウンドは「パ・パン」のリズムで処理

ボールが跳ね上がった直後を捕球するショートバウンドの処理は、シングルハンドのほうが捕りやすい。コツは、「パ・パン」のリズムで捕ること。最初の「パ」がバウンド音で、次の「パン」がキャッチ音。反射的な動きになるが、リズムを意識すると正確に捕れるようになる。

効くツボ 3
左手で捕球したら、ボールを右手に投げ渡す

シングルでキャッチした場合、右手にボールを持ち替えるのにまごつく人がいる。これでは、送球が遅れてランナーをセーフにしてしまう危険性が高くなる。左手で捕ったボールを右手で迎えにいくのではなく、左手から右手に投げ渡すようにして、一瞬で持ち替えるのがポイントだ。

やってみよう
捕球直後にスローイング

左手で捕ると同時に、右手にボールを送るようにしよう。これなら捕球した直後にスローイングできる。タイムロスがないから、ランナーの出塁を阻止できるようになるのだ。

できないときはここをチェック

グローブを外して、素手で捕球してみよう。手のひらのフィーリングが最も繊細だから、ゴロ捕球の精度もアップする。

ポイント No. **23** ▶▶▶ フィールディング

フライ捕球はグローブを横にして次に投げやすい人がキャッチする

 コレが直る 落下地点に入り損なったり、落球、送球動作の遅れがなくなる。

最短距離で落下地点に到達する

フライ捕球は、バッターを最も簡単にアウトにできる方法だ。キャッチボールができればフライの捕球もできるので、技術を確実にマスターしておこう。

大切なのは、落下地点の把握能力。「あそこに落ちるだろう」という感覚を磨いて**直線的に、最短距離で落下地点に入る**ようにする。ただし、焦ってボールを迎えに行く必要はない。グローブのところまで落ちてくるのを待って、落ち着いて捕ることが大切だ。

効くツボ
1. グローブを横にする
2. 次に投げやすい人が捕る
3. 送球場所を想定しておく

フィールディング

効くツボ 1
グローブを横にして
ボールの引っ掛かりを強める

フライの捕球時には、グローブを横に構えるのがポイント。グローブの構造上、親指のところに引っ掛かりやすく、落球しにくい。縦に構えると引っ掛かりが少ないから、下にこぼしてしまいやすくなる。縦に構える指導法もないわけではないが、確実性を考えると横に構えたほうが無難。

効くツボ 2
走り込む方向に
投げられる人が捕球する

フライが上がったら、素早く、正確に落下地点に移動する必要がある。ボールを目で見て、打球音を耳で聞いて、落下地点を予測しよう。このとき、だれが捕るか声を掛け合って、確認すること。捕ったら走り込む方向に投げられる人が、「オーライ」と声をかけて処理するようにする。

効くツボ 3
次はどこに投げるのか、
あらかじめ想定しておく

捕球してからどこに投げるかを考えているようでは遅い。「ここに飛んできたら、あそこに投げる」というように、送球場所を確認しておこう。たとえば相手チームのタッチアップがあるなら、ホームに送球するとあらかじめ確認しておく。そうすれば、捕った瞬間に迷いなく次の動作に移れる。

やってみよう
アメリカンノックで鍛える

レフトからライト方向に走らせてフライを捕らせるアメリカンノックが、フライ捕球の練習には最適。走りながら練習することで、目線のブレを抑える動き方が覚えられる。

できないときはここをチェック

投げ上げたボールを、素手でキャッチしてみよう。手のひらの真ん中で捕ることが大切。グローブの先や土手（手首側）で捕らないように気をつけよう。

ポイント No.24 ▶▶▶ フィールディング
ピッチャーも野手の1人 投げたらすぐに備える

> **コレが直る** 投げたら投げっ放しの悪癖がなくなり、野手として活躍できる。

ピッチャーも普段から守りの練習をしておこう

ソフトボールでは、セフティーバントやスラップといった小技を仕掛ける作戦が多用される。ピッチャーも、投げるだけではなく、守れないと一人前の野手とはいえない。ゴロ捕球なども練習し、**きちんと守備ができるようにしておこう。**

また、ダイヤモンドの真ん中にいるので、各野手への指示を出しやすいポジションでもある。相手ランナーの走塁状況を確認して、ボールをどこへ返せばよいか、野手に伝えるように努める。

効くツボ
1. 投げたらすぐに備える
2. バント処理を行う
3. バックアップに回る

フィールディング

効くツボ 1
投げたらすぐに守備の姿勢に切り替える

ピッチャーは、投げたら投げっ放しではいけない。投球後は野手の役回り。きちんと守備をこなす必要がある。投げた直後に素早く構えの姿勢を取ることが大切だ。ピッチャー前のゴロが来るかもしれないし、ライナー性のピッチャー返しがあるかもしれない。素早く備えるようにしよう。

効くツボ 2
バント処理を行ない、相手バッターの出塁を阻止する

ピッチャーに求められるフィーリングとして最も多いのは、バント処理だろう。とくに塁間の短いソフトボールでは、相手バッターが自分も生きようとするセフティーバントを用いることが多い。この処理を適切に行い、出塁を許さないのもピッチャーの役目となる。

効くツボ 3
打球が飛んだら、バックアップに回る

打球が飛んだら、マウンド上で眺めていてはいけない。各ポジションの後ろに回り込み、暴投があってもエラーを最少限にとどめるバックアップが必要になる。外野からの、1塁や3塁への暴投に備えて、ピッチャーが各塁の後方に回り込み、送球が逸れても捕れるように待ち構えておく。

やってみよう
野手の送球傾向を把握する

野手からの送球が逸れたときにカバーするのが、バックアップの目的。ピッチャーは、各野手の送球がどんなふうに逸れやすいのか、傾向を把握しておくとよい。

できないときはここをチェック ✅

苦手なら、バント処理はファーストやサードに任せてもよい。負担を軽減させるため、フライもピッチャーに捕らせず、野手がカバーするチームもある。

63

ポイント No.25 ▶▶▶ フィールディング
キャッチャーも機敏な動作が必要
足を前後にすれば、素早く動ける

| コレが直る | 盗塁を刺せたり、バント処理ができる、機動力の高い野手になれる。 |

ピッチャーの集中力を高めるのもキャッチャーの役目

　キャッチャーの捕球ミスは、内野手のトンネルや外野手の落球と同様、手痛いエラーになる。まずは正確に受けられることが肝心。ピッチャーによる暴投も、ショートバウンドも、体で受けて後逸しないようにしよう。

　ピッチャーが集中して投げやすい雰囲気、環境を作るのもキャッチャーの役目である。キャッチャーの構え方一つで、ピッチャーの投げやすさはまったく変わるということも自覚しておく。

効くツボ
1. 左足を前に出して構える
2. アゴの下にミットを構える
3. 小さく構える

64

フィールディング

効くツボ 1
左足を前に出して、機敏に動ける姿勢で構える

　受けるだけがキャッチャーの仕事ではない。ランナーの盗塁に素早く備える必要がある。または足元にバントされたらさばき、ランナーを刺すのも役目。そのためには両足をそろえて、どっしりと身構えてはいけない。すぐ動けるように、左足を前にして構えよう。機敏な動作が必要なのだ。

効くツボ 2
アゴの下に構えて、ミットの操作性を高める

　ミットはアゴの下に構えよう。ピッチャーは顔を目掛けて投げてくるから、その付近に用意しておくとよい。キャッチャーにとっても、ミットをスムーズに扱える構え方になるので、正確に捕球できる。低めを要求する場合は、体ごと低くなって、ミットをアゴの下から外さないようにしよう。

効くツボ 3
ピッチャーが集中できるように小さく構える

　ピッチャーが集中して投げられるように構えよう。そのためには大きく構えるのではなく、逆に小さく、身を丸めたほうがよい。大きく構えてしまうと、ピッチャーの狙いはアバウトになりやすい。小さく構えるほど、的を狙おうとするので、集中力が高まり、実際にコントロールがよくなる。

やってみよう
ボール球を内側に寄せる

微妙に外れたボール球を、「ストライク」と審判に言わせる術も知っておく。捕球後に、ミットを内側に寄せてストライクのように見せかける。これもうまいキャッチャーの条件だ。

できないときはここをチェック ✓

　ピッチャーのボールが走らないときでも、パーンと捕球音を響かせるキャッチングを行う。快音でピッチャーを乗せるのも、キャッチャーの役目。

ポイント No. **26** ▶▶▶ フィールディング

フィールド全体を見渡しながら
身振りと声で各野手に指示を与える

> **コレが直る** 司令塔として指示を出し、チーム全体を統率できるようになる。

相手チームの傾向を把握して投球をリードする

　キャッチャーは、相手チームの打線の特徴を把握して、ピッチャーをリードする必要がある。「このバッターは内角が得意だ」「前の打席では長打にされた」「足が速いのでバントに注意」など、**相手チームの傾向などを確認しておこう。**

　また、キャッチャーは唯一、フィールド全体を見渡せるので、各野手に指示を出しやすいポジションでもある。司令塔として高い能力が必要とされるのが、キャッチャーなのだ。

効くツボ
1. 構える位置を変えない
2. 打たれたらランナーと一緒に走る
3. 各野手に指示を出す

フィールディング

効くツボ 1

ミットを変える位置を
あからさまに変えない

ドロップは落下するボール、ライズは浮上するボールになる。キャッチャーはピッチャーにサインを出すが、そのときは、たとえばドロップならあらかじめ低くミットを構えたり、ライズなら高く構えたりしないように。あからさまに見た目の変化をつけると、相手に球種を見破られてしまう。

効くツボ 2

打たれたら、ランナーと一緒に
1塁ベースに向かって走る

キャッチャーも、打たれたら各塁へのバックアップに向かうようにしよう。たとえばノーアウトランナーなしでショートゴロを打たれたら、ショートの暴投があるかもしれないから、1塁ベースのバックアップに向かう。つまりキャッチャーは、ランナーと一緒に走っていく必要があるのだ。

効くツボ 3

全体を見渡せるポジションだから、
身振りと声で指示を与える

キャッチャーはフィールド全体を広く見渡せるポジションだ。だからいろいろな指示を出すのも仕事。だれが捕って、どこに送球するか、ベースカバーにはだれが入るか、そういったことを身振りと声で伝えるようにしよう。キャッチャーは、チーム全体の司令塔なのだ。

やってみよう
投球の間をコントロール

熱くなるばかりではなく、ときには冷静に。ピッチャーの調子がよくない場合は、タイムを要求するなどしよう。投球の間や試合の流れをコントロールするように努めたい。

できないときはここをチェック

バックアップや、野手への指示などは、試合でやってみないことには身につかない。実践して、経験値を高めるようにしよう。

ポイント No.   ▶▶▶ フィールディング
内野手は素早い動作が必要
クイックモーションを心掛ける

> **コレが直る** 状況判断が的確にできるようになり、守りに抜かりがなくなる。

一瞬一瞬の状況判断を的確に行う

内野手は忙しい役回りで、一瞬一瞬、素早く的確な判断力が求められる。**ボールを捕ったらすぐに送球するクイックモーションが大切**。

また、目立たない各塁へのバックアップや、外野からの送球のカットプレー、あるいは声掛けなど、いろいろなプレーをこなさなくてはならない。

神経をつねに張り詰めておく必要があり、優れた内野手にとっては、そういう雰囲気も楽しめるようになることがとても大切だ。

効くツボ
1. 打たれたらベースを空けない
2. カットプレーに入る
3. アピールプレーも怠りなく

フィールディング

効くツボ 1
「かもしれない」を想定して内野手はベースに入る

ショートゴロを打たれたら、ランナーをアウトにするためにファーストは1塁ベースに入る。これは当然だが、同時にセカンド、サードも各塁に入ること。なぜならショートが暴投したら、ランナーは2塁を目指すかもしれない。非常事態を想定し、打たれたら塁を空けないようにしよう。

効くツボ 2
カットプレーに入り、不要な進塁を防ぐ

外野に打球が飛んだら、セカンドやショートはカットプレーに入る。外野手からの返球を中間地点で受け取って、つなぐようにするのだ。このとき、ランナーの進塁が予想されるベースと、外野手との間に、直線的に入ることが大切。最短距離で中継ぎをして、不要な進塁を許さないようにしよう。

効くツボ 3
アピールプレーでランナーをアウトにすることもできる

たとえばランナーが2塁ベースを踏み損なって3塁ベースまで進塁したとする。このとき、何も訴えなければバッターの3塁打は成立。そのままプレー続行となる。しかし野手がそれを見ていて審判にアピールし、同意が得られれば、ベースにタッチしてアウトにすることが可能なのだ。

やってみよう
グラブトスで素早く送球

ゲッツーを取りたいときは、右手にボールを持ち替えるのではなく、グラブトスで送球する。手首で投げるのではなく、肩から腕全体でパスを送るイメージを持つと正確だ。

できないときはここをチェック ✓

内野手の連携がうまくいかないときは、プレーに入る前にマウンドに集まって、次のプレーについて話し合っておくとよい。

ポイント No.28 ▶▶▶ フィールディング
外野手はフライの捕球後 すぐに内野手に返球する

> **コレが直る** フライの処理能力が向上し、不要にランナーを進めることがなくなる。

フライの捕球は、次に送球しやすい選手が行う

外野手は、相手チームの長打を最小限に阻止するポジション。自分が捕ったらすぐに内野に返して、相手ランナーの進塁を阻むようにしよう。

内野との連携ももちろんだが**外野手3人による意思の疎通も大切**。たとえば右中間に上がったフライを、センターとライトのどちらが捕るかは、その後の送球のタイミングを左右する、重要な問題になる。お互いに声を掛け合って、プレーしよう。

 効くツボ
1. フライは、投げやすい人が捕る
2. バックアップに入る
3. フェンスまでの距離を確認する

フィールディング

効くツボ 1

フライは、捕ったらすぐに投げられる人が捕る

右 中間のフライを、センターとライトのどちらが捕るか。次に送球しやすい側の選手が捕るのが原則だ。つまり右中間に飛んで、次にサードに送球するのであれば、センターよりもライトが捕ったほうがスムーズになるはず。特に浅めのフライなら、走り込む勢いを利用して、速い送球ができる。

効くツボ 2

外野手も各ベースのバックアップに入る

外 野手も各ベースに対してバックアップを行うようにする。1塁ベースはライトが、3塁ベースはレフトが後方に回り込んで、野手の暴投をカバーしよう。1塁ランナーが盗塁してきたら、センターは2塁ベースの後方に入って、キャッチャーの暴投に備えるようにしたい。

効くツボ 3

ポジションについたらフェンスまでの距離を確認

フ ェンスまでの距離を把握しておこう。深いフライをむやみに追いかけて、フェンスに衝突したら、ボールを捕り損ない、ランナーを必要以上に進めてしまうことにもなりかねない。当然けがの恐れもある。ポジションに入ったら、フェンスとの距離をチェックし直すようにする。

やってみよう

シミュレーションしよう

フライやゴロを捕球後、どこに投げるかはあらかじめ決めておこう。捕ってから考えていたのでは遅れてしまう。プレーに入る前に、飛んできた場合のシミュレーションをしておくとよい。

できないときはここをチェック ☑

ボールを捕ったら、すぐに内野に返そう。自分で判断するよりも、状況を把握しやすい内野に任せたほうが、プレーはうまくいくものだ。

知って得するトレーニング
野手編

素手で捕球する

　素手で（あるいはグローブを外して手袋で）捕球する練習が効果的。指先に当たるとうまくキャッチできないので、より正確に、手のひらのピンポイントで捕れるようになる。

　手のひらを、ボールに対して真正面に向けて捕球するのが基本。慣れてきたら左右に散らしてもらい、逆シングルでキャッチする練習もやってみよう。

転がしてもらったボールを、素手でキャッチ。手のひらを真正面に向けることが大切

ボールを散らしてもらい、逆シングルでキャッチ。不慣れな動きを効率よく習得できる

ペッパー

　ゴロ捕球の練習には、ペッパーがオススメ。左右に散らしてもらったボールに対して、目線を上下にぶらさないように注意しながら動き、捕球する。

　動きにつられて目線が上下に動くと、見えるボールも揺れるため、正確にキャッチしにくくなる。目の高さを一定にキープしたまま動けるようになると、ゴロ捕球の精度を高められるようになる。

目線をなるべく一定に保ったまま移動し、捕球する

PART 4

Base running
ベースランニング

走塁には、コツがある。速く走るコツ、スタートをうまく切るコツ、
スライディングのコツなどを身につけよう。
機動力で相手チームに上回れば、勝てる。

ポイントNo. 29 短い塁間で一気に加速するには
ピッチ走法で回転数を上げる　　　74

ポイントNo. 30 ベースの内側を蹴れば
最短コースで最速の走りができる　　76

ポイントNo. 31 1塁への走塁は
ベースの手前をツマ先で踏む　　　78

ポイントNo. 32 2、3塁への走塁は
全力で走って野手を慌てさせる　　80

ポイントNo. 33 ホームへの走塁は
ゴロが出たら突進すると決め込む　　82

ポイントNo. 34 盗塁はスタートダッシュがカギ
リリースされる直前にダッシュする　84

ポイントNo. 35 摩擦が少ないように滑り
滑った直後に立ち上がる　　　　　86

ポイントNo. 36 ヘッドスライディングは
思い切って体を伸び切らせる　　　88

ポイント No.**29** ▶▶▶ベースランニング

短い塁間で一気に加速するには
ピッチ走法で回転数を上げる

> **コレが直る** スタートダッシュの出遅れがなくなり、セーフになる可能性が高まる。

クラウチングスタートのように、低い体勢から一気に飛び出す

　俊足ぞろいのチームは、得点できる可能性が高くなる。セーフになる確率が上がるのはもちろんだが、盗塁やヒットエンドランなどの仕掛けも積極的に試せるから、戦略的な攻め方ができるようになるのだ。

　脚力を鍛えるのに越したことはないが、今のままでももっと速く走れる方法として、**クラウチングスタートの姿勢と、回転数を上げるピッチ走法**で、機動力の高いチームを目指そう。

効くツボ
1. ピッチ走法で加速する
2. 低い体勢からスタート
3. クラウチングスタートのイメージ

ベースランニング

効くツボ 1

足の回転数を多くする
ピッチ走法で一気に加速する

ベースランニングで最速の走塁をするなら、ピッチ走法がオススメ。足の回転数を多くして、出塁、進塁を目指す。歩幅を少し狭めにし、高速で駆けるようにしよう。歩幅を広げるストライド走法は、塁間が短いソフトボールの場合だと、加速し切れない恐れがある。

効くツボ 2

低く身構えておいて、
下半身からスタートを切る

スタートを切るときに、高い姿勢でいると不利になる。倒れ込むような始動になり、ダッシュが遅れやすい。低く身構えておいて、一気に飛び出すようにするのがコツ。「ヒザを抜く」という言い方をよくする。ヒザを送り出すようにして、下半身から動き始め、ダッシュを加速させる。

効くツボ 3

クラウチングスタートのイメージ。
腕を速く振れば、足も速くなる

ソフトボールの短い塁間では、人間の走行スピードをマックスまで加速するのは不可能といわれている。だから脚力よりも、スタートの切り方がとくに大事。クラウチングスタートのイメージで足を前後にして構え、一気に飛び出そう。腕を速く振るのも、速く走るポイントになる。

やってみよう
前足からスタートを切る

クラウチングスタートの姿勢で構えて、足を前後に開いたら、一歩目は前足から踏み出してみよう。通常のやり方とは違う逆足になるが、こちらのほうがいいスタートを切れる可能性もある。

できないときはここをチェック ☑

走行中に上体が垂直に立つと、速く走れない。上に力が逃げてしまうからだ。前のめりになり、地面を斜め後ろに蹴って、勢いをつけるようにする。

ポイント No.30 ▶▶▶ ベースランニング
ベースの内側を蹴れば最短コースで最速の走りができる

コレが直る 走塁時のタイムロスがなくなり、効率のよい攻め方ができる。

ベースの踏み方にこだわり、効率のよいベースランニングを目指す

　速いランナーというのは、**ベースの踏み方ひとつとってもこだわりがあり、最も効率のよい方法を意識している**ものだ。逆にいえば、このような細かなところの配慮を欠くと、並のランナーどまりとなる。

　最短距離、最短時間で達成できるベースランを目指そう。また、ベースを利用して、走る方向を切り替えるテクニックも大切。ベースの踏み方にこだわることで、機動力は確実に上がると心得てほしい。

効くツボ
1. ベースの内角を踏む
2. 左足で蹴って方向を切り替える
3. 2塁に行くなら、1塁へは膨らみながら進入

76

ベースランニング

効くツボ 1

ベースの内角を踏めば、体を内側に向けたまま走行できる

ベースの踏み方にも、コツがある。なるべく内側の角を踏むとよい。そうすると、次の塁へ最短コースで走り抜けることができる。同時に、体を内側に向けて走りやすくなるから、塁を回るときに体が外側に逃げてしまわず、減速することなく駆け抜けられる。

効くツボ 2

ベースの内角を左足で蹴って、方向をスムーズに切り替える

ベースは左足で踏もう。右足で踏んだほうが、さらに内側を走れて有利な気がするが、塁を回るときに方向が切り替えにくいため減速しやすい。再加速に余計な時間を奪われるから、不利になるのだ。直角に動きを切り替える場合は、左足でベースを蹴り、進行方向に体を飛ばしたほうが有利だ。

効くツボ 3

次の塁を目指す場合は、手前の塁に膨らみながら入る

1 塁へ走るとき、ベースの手前から外側に膨らんで進入し、ベースを蹴ったら2塁へは直線的に走行するというのが一番速い。逆になりやすいので注意する。右写真は1塁まで全力で直線的に走り、2塁に向かうときに大きく膨らみすぎる症例。体が外に流れて、タイムロスを招いてしまう。

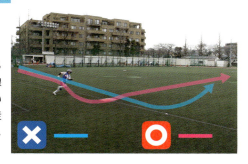

やってみよう
ベースを利用して蹴る

ベースを一つの道具として使おう。角を蹴ることで方向を切り替え、推進力を獲得するようにする。走力とともに、こういったテクニックが、ベースランニングを加速するのだ。

できないときはここをチェック ☑

最初はゆっくりの動作から始めて、確実にベースの角を踏むようにする。それから徐々に、スピードアップ、ペースアップしていこう。

ポイント No.31 ▶▶▶ ベースランニング
1塁への走塁はベースの手前をツマ先で踏む

コレが直る 最短時間で1塁ベースに到達でき、出塁できる可能性が高くなる。

2種類のベースをうまく使い分けよう

1塁には特別に、白（内側）とオレンジ（外側）の、2種類のベースが用意されている。**オレンジは駆け抜けるときの専用ベース**。これを踏まずに、白ベースを踏んで、相手の野手と交錯すると、場合によっては守備妨害と判断されるので注意しよう。

また、駆け抜けてベースに戻るときには、白ベースを踏むこと。オレンジに戻ると、タッチアウトになってしまうので、重ねて注意を促したい。

効くツボ
1. ベースの手前をツマ先で踏む
2. 右回りで1塁に着く
3. 余裕があっても全力疾走

ベースランニング

効くツボ 1
オレンジベースの一番手前を、ツマ先で踏む

1 塁への走塁は、オレンジベースの一番手前の部分を、ツマ先で踏むようにしよう。相手のファーストも、体を伸ばし切って、ランナーをアウトにしようとしてくる。ギリギリのタイミングを競う瞬間なので、ランナーは、少しでも時間短縮できる工夫を取り入れる必要があるのだ。

効くツボ 2
走り抜けたら、1塁ベースへは右回りで戻る

オレンジベースを走り抜けて、無事セーフになったら、右回りで白ベースに着こう。これは、2塁に進塁する意思がないことを明確に訴求するための工夫。仮に左回りでベースに着こうとすると、ヘタをすれば進塁を目論む動作と見なされ、タッチアウトになる危険性がある。

効くツボ 3
余裕があっても全力疾走して、相手の野手を慌てさせる

たとえばレフト前にヒットを打ち、1塁への出塁に余裕がある状況。余裕があるからといって、1塁ベース手前で減速してしまってはもったいない。余裕があっても全力疾走し、2塁へ行くつもりがなくても、そのそぶりを見せよう。するとレフトは慌てて送球。暴投する可能性が出てくる。

やってみよう
倒れ込むくらいの前傾姿勢
速く走るためには、アゴを上げないで、直立の姿勢になってしまわないことが大切だ。前に倒れ込むくらいの前傾姿勢で走るようにしよう。推進力を強めることができる。

できないときはここをチェック ✓
1塁ベースを踏んで、すぐブレーキをかけるのはNG。すぐに止まれるということは、手前で減速を始めている証拠。全力で駆け抜けるようにしよう。

ポイント No.**32** ▶▶▶ ベースランニング

2、3塁への走塁は全力で走って野手を慌てさせる

 点のほしさに目がくらまず、冷静かつ積極的な走塁ができる。

ランナーコーチの指示に従い、無理のない走塁を行なう

2塁、3塁と、得点圏に近づくほど、ホームベースを踏みたいと気が焦り、慌ててしまいやすい。状況を正しく判断しないまま、不用意にリードを大きくしてしまいがちだ。そうすると、ピックオフを仕掛けられて、タッチアウトにされたりする。

ランナーコーチの指示をしっかり確認し、冷静に対処する必要がある。2、3塁への走塁は、点がほしいあまりに、無謀な走塁をしてしまいやすいので注意しよう。

1. ベースの角を蹴る
2. ランナーコーチの指示に従う
3. 走るスピードを緩めない

ベースランニング

効くツボ 1

ベースの角を蹴って、最短ルートで駆け抜ける

2塁、3塁に走るのも、基本的には1塁への走塁と同じ。ベースの角を踏んで、最短ルートをたどるとともに、左足で蹴って方向の切り替えをスムーズに行なうようにする。そして、手前の塁では膨らみをつけて緩やかにカーブし、次の塁に向けて直線的に全力疾走する考え方を持ち続けよう。

効くツボ 2

ランナーコーチの指示に従い、無謀な走塁を避け

ランナーコーチの指示をよく見て、聞いて、従うようにする。自分では進塁できると思っても、止められることがある。ランナーコーチは相手野手のポジションや、ボールの位置、前のランナーとの間隔など、その他もろもろを考慮して多角的な判断材料に基づき、ジャッジするのだ。

効くツボ 3

走るスピードを緩めず、外野手を慌てさせる

ボールが外野に飛んだとき、たとえば3塁を回って大げさにホームに向かうそぶりを見せれば、相手の外野手を慌てさせることが可能だ。外野手からのホームへの送球は、逸れることが少なくないので、生還できる可能性も高まる。こういった駆け引きを、ランナーもとり入れるべきだ。

やってみよう
タイムを取ってサイン確認

ランナーは、監督からのサインを見逃してしまうこともある。そんな場合はタイムを取って、靴ひもを結び直すなどし、その間にランナーコーチにサインを確認するとよい。

できないときはここをチェック ☑

点をとりたいあまりに焦って、ベースを踏み外してしまわないようにする。相手の野手にアピールプレーをされないように注意しよう。

ポイント No.33 ▶▶▶ ベースランニング
ホームへの走塁はゴロが出たら突進すると決め込む

> **コレが直る** 躊躇は禁物。ためらうことなく、積極的な走塁ができる。

状況判断を的確に行えば、ホームベースを踏める

ホームベースを踏みたい気持ちが強くなると、アウトカウントを誤ったり、サインを見間違ったりしやすいものだ。**ホームベースへの走塁こそ慎重に、だけど大胆に行う必要がある。**

難しいが、状況判断を的確に行なえば心配ない。アウトカウントは正しいか、サインの見落としはないか、外野のポジションは深いか浅いか、こういったことを一つずつ冷静に確認することが、3塁ランナーには必要なのだ。

効くツボ
1. 大きくリードを取る
2. 外野手の位置を確認
3. ゴロが弾んでいるうちにホームイン

ベースランニング

効くツボ 1
ピッチャーがリリースしたら、リードを大きく取る

3塁ランナーは、ピッチャーがボールをリリースしたら、できるだけリードを大きく取るようにしよう。バッターが打ったら、ホームへの突進を決め込んでおく。ソフトボールは塁間が短いので、転がればセーフになる確率は非常に高いのだ。外野に上がったらタッチアップの姿勢を取ろう。

効くツボ 2
外野手のポジションを判断して、タッチアップを仕掛ける

外野にフライが上がったら、3塁に戻ってタッチアップの姿勢をとる。捕球されると同時にダッシュできる体勢を整えよう。大切なのは、外野手のポジションを確認すること。浅いようだと刺される心配がある。自分の走力と、野手のポジション、肩の強さから判断して仕掛けるようにしよう。

効くツボ 3
バッターが高く弾むゴロを打ち、弾んでいる間にホームイン

ソフトボールは塁間が短い。だからバッターが、ゴロを叩きつける作戦が有効になる。高くボールが弾んでいる間に、ランナーがホームインできる可能性が高いのだ。3塁ランナーは、高く弾むゴロが出たら、ホームに突進すると覚悟を決めて臨むとよいだろう。

やってみよう
ホームスチールにトライ

相手キャッチャーの注意が逸れて、山なりにピッチャーにボールを緩く返すとき、その隙を突いてホームに突進する。ピッチャーも注意を怠るときがあるので、積極的に仕掛けてみるとよい。

できないときはここをチェック ☑

ランナーもランナーとしての練習が必要。フライが上がったらタッチアップ。ゴロが出たらホームに突進。普段の練習から状況を想定して行うこと。

ポイント No.34 ▶▶▶ ベースランニング
盗塁はスタートダッシュがカギ
リリースされる直前にダッシュする

> **コレが直る** スタートダッシュが素早くなり、盗塁成功率を高めることができる。

盗塁により、バッテリーや相手チームの動揺を誘える

　盗塁が成功すれば、攻撃側はとても有利になる。バッティングしなくてもランナーは、進塁可能。ヒットを量産できるわけではないのだから、試合で勝つにはぜひ身につけておくとよいテクニックだ。

　もちろん、アウトになる危険もあるが、相手キャッチャーはランナーの動きが気になって、落球したり、暴投したりしやすい。**バッテリーの動揺を誘える**のも盗塁ならではといえる。相手キャッチャーの肩が弱いようなら、どんどん仕掛けてみるとよい。

効くツボ
1. リリース直前のタイミングでダッシュ
2. バランスよくスライディングする
3. アウトカウントを確認する

効くツボ 1

ピッチャーがリリースするか否か、ギリギリのタイミングでスタート

ルール上は、ピッチャーがリリースしないと離塁できない。しかし律儀にこれを守ると、ほとんどアウトになる。ランナーは、ピッチャーがボールを手放すかどうか、というくらいのタイミングで走り出さないと刺されるのだ。審判との駆け引きも必要。審判の目を盗む盗塁技術を身につけよう。

効くツボ 2

ベースまでの距離感を計り、バランスよくスライディング

バランスよくスライディングの動作に入ることが大切。目指すベースまでの距離感を見誤って、滑る直前に大股になったりするNGが多いから注意しよう。一定のピッチで走り、滑ればちゃんと足がベースに届いて、その後素早く立ち上がれる距離感を見極めてスライディングを行なうこと。

効くツボ 3

ボールカウントを頭に入れて、タイムリーに仕掛ける

盗塁は、ボールカウントを頭に入れて仕掛けること。たとえば2ストライクノーボールだと、通常相手バッテリーは1球外す。そのようなときはキャッチャーは投げやすいし、野手もベースに入りやすいので、刺される危険性が高い。バッターがヒッティングしそうなカウントで仕掛けよう。

やってみよう
盗塁のそぶりを見せる
盗塁をするつもりがなくても、走るそぶりを見せれば相手の動揺を誘える。2盗ならショートはカバーに入ろうとするし、キャッチャーも送球しようと焦る。そうして相手をかく乱しよう。

できないときはここをチェック ☑
走力があっても、スタートが遅いと刺される。ピッチャーの動きをよく見て、リリースされる直前くらいに、一気に駆け出そう。

ポイント No.**35** ▶▶▶ ベースランニング

摩擦が少ないように滑り
滑った直後に立ち上がる

> **コレが直る** スライディングの距離が合って、減速せず滑れるようになる。

スライディングにより、適切に止まれるようになる

盗塁するときに、勢いよく走り込むと、オーバーランしてしまう。このときに使いたいのが、スライディングのテクニック。スライディングは、**速くベースに到達するための手段であると同時に、適切に止まるための技術**でもある。

また、スライディングしないと送球が体に当たる危険もある。つまり身を守るためにも必要。そして野手の足元を目掛けて滑れば、捕球動作をさせにくくする効果もある。盗塁には必須の技術だ。

効くツボ
1. 両足とも、滑れるようにする
2. 摩擦が少ないように滑る
3. 滑った直後に立ち上がる

ベースランニング

効くツボ 1
右足と左足の、両方で滑れるようにする

ス ライディングは、両足ともできるのがよい。たとえば右足を前に出してしか滑れないと、足が合わなかったときにうまくベースに進入できなくなる。タイミングの取り方や、相手野手とのやり取りによっては、足が合わないことも少なくない。右で滑れるようになったら、左でもやってみよう。

効くツボ 2
摩擦が少ないように滑って、スピードの減衰を抑える

ス ライディングは、できるだけ体と地面との摩擦が少なくなるように滑るとよい。走ってきたスピードの減衰を最少にできるし、体へのダメージも減らせる。うまい選手は、土のグラウンドで滑っても、おしりや足にあまり砂がつかない。そんなスライディングをイメージしてやってみよう。

効くツボ 3
スライディングしたら、直後に素早く立ち上がる

ス ライディングしたら、素早く立ち上がるようにする。野手が後逸したらすぐに走り出せる準備を整えよう。滑って、足がベースに当たったら、その衝突した勢いを使って立ち上がるとよい。あるいは足がタッチする直前に、畳んだ足で地面を蹴り上げ、立つと同時にベースを踏むようにする。

やってみよう
豪快に砂を蹴散らす

スライディングでは、砂を蹴散らして、相手の捕球動作を乱してしまうこともできる。意図的に、ボールが見えなくなるくらい豪快に、砂を蹴ってみるのも一つの手だ。

できないときはここをチェック ☑

滑っても、届かなかったり、逆に詰まりすぎて体が伸びなかったりするのはよくない。自分が滑れる距離感を把握しておこう。

ポイント No. **36** ▶▶▶ ベースランニング

ヘッドスライディングは思い切って体を伸び切らせる

> **コレが直る** ピックオフを仕掛けられても、素早く帰塁できて、刺されにくくなる。

ヘッドスライディングは、素早く帰塁するための手段

　ヘッドスライディングは、ベースから飛び出してしまったときに、素早く帰塁する手段として用いる。1塁へ頭から突っ込むイメージがあるかもしれないが、その場合、実際には、走り抜けたほうが速いことが知られているのだ。

　状況としては**リードを大きくとったが、相手キャッチャーにピックオフを仕掛けられたときなどに使用**。こういう場合は足から滑るよりも、頭から突っ込んで戻ったほうが、素早く戻れる。

効くツボ
1. ベースの手前を、手のひらでタッチ
2. 思い切って体を伸び切らせる
3. 低空飛行で滑る

ベースランニング

効くツボ 1

ベースの一番手前の部分を
手のひらでタッチ

ヘッドスライディングは、手のひら側からベースに向かうようにしよう。そしてベースの一番手前の部分をタッチするようにする。指先からベースに突っ込んでしまうと、突き指する危険がある。また、野手に手を踏まれることもあるので、気をつけて行なうこと。

効くツボ 2

指先から足先まで、
思い切って体を伸び切らせる

思い切って体を伸び切らせるようにしよう。指先から足先まで、ストレッチが全身に及ぶように伸ばし切ることが大切。そのためには、両手で滑るスタイルにこだわる必要はない。片手でタッチしにいったほうがよく伸びるので、セーフになる確率も高くなる。

効くツボ 3

低空飛行で入り、
滞空時間を短縮する

ヘッドスライディングは、なるべく低空飛行で行い、地面と平行に滑るようにする。高くダイブすると、顔や腹を地面に打ちつけて危険。また、滞空時間が長くなるので、余計に時間をロスしてしまうのだ。中腰の姿勢から、上ではなく横、あるいは下に向かって動くようにしよう。

やってみよう
野手がいる場合は、回り込む

野手がいて、直線的にベースに進入できないような場合もある。このときは、体を回り込ませて野手のタッチを避け、片手を伸ばしてベースに触るようにするとよい。

できないときはここをチェック ☑

恐怖心があって躊躇すると、動作が遅れてしまう。頭からいくと決めたら、ためらうことなく、思い切ってヘッドスライディングしよう。

知って得するトレーニング
ランナー編

アジリティ

ランナー以外にも、野手のフィールディングの動きをよくする効果もある。アジリティとは、敏捷性の意味。たとえば、一定区間を全力でダッシュし、ラインのところで方向を切り返すようなトレーニングを行う。

瞬発力を高めて、走攻守のパフォーマンスを総合的に高めることができるトレーニングだ。

ダッシュと切り替えしの運動で、敏捷性を養う

示されたハンドシグナルの方向に、ダッシュ

ゴロならスタート。フライなら戻る。状況に応じた動き方ができるように

クイックネス

反応速度をアップするのが狙い。パートナーがハンドシグナルを出したほう（写真ではパーの側）に、瞬間的に動くようにする。

目で見て、体を素早く反応させることが大切。盗塁のスタートダッシュを速めたりするのに効果的だ。

ジャッジメント

近距離のノックで守備練習を行う。そのかたわらでランナーを想定し、打球の状況に応じて素早く動く練習をしよう。

打球がゴロならスタート。フライだと戻る。状況に見合った動き方ができるようになる。

PART 5

Team play
チームプレー

チームプレーで勝利をもぎ取ろう。
情報分析戦の具体例、心理テクニック、
およびチームの雰囲気作りのコツを伝授する。

ポイント No. 37 サインプレーを駆使すれば
次の展開を全員が予測できる 92

ポイント No. 38 低めに集めてゴロを打たせ
ダブルプレーを成功させる 94

ポイント No. 39 ランナー1、3塁の攻撃シーンでは
わざと1塁ランナーが挟まれる 96

ポイント No. 40 盗塁を刺すには雰囲気を察知し
キャッチャーが捕ると同時に投げる 98

ポイント No. 41 ランナーコーチは1人の選手
情報を集めて有利な状況を構築する 100

ポイント No. 42 ピックオフ成功の秘訣は
「ピックオフしないムード」を作ること 102

ポイント No. 43 タッチアップを刺すには
勢いをつけ、低いところに送球する 104

ポイント No. 44 サインやジェスチャーを駆使
攻撃的なチームプレーができる 106

ポイント No. 45 相手野手を慌てさせて
チームプレーで盗塁を成功させる 108

ポイント No. 46 送りバントを成功させるには
ピッチャー前に転がす 110

ポイント No. 47 スクイズを使って
チームプレーで点を取る 112

ポイント No. 48 守り切ったら、負けない
ムチャなプレーは慎み、凡ミスをなくす 114

ポイント No. 49 試合は情報分析戦、
相手のことを知るほど、勝てる 116

ポイント No. 50 チームの士気を高めて
日ごろからプラス思考で臨む 118

ポイント No.**37** ▶▶▶ チームプレー

インプレーを駆使すれば
次の展開を全員が予測できる

 コレが直る 個々人の連携のつたなさが解消され、チームに一体感が生まれる。

**バッテリーの連携が、
チーム全体の連携に波及する**

　バッテリーは、試合の大勢を左右し、ゲームをコントロールできるポジションだ。**2人の連携が、内・外野手の連携につながり、チーム全体の連携に波及する。**

　個々人で、投げて、捕っていればよいのではない。全員が一丸となって協働することで、強いチームは成立する。

　サインプレーを駆使し、自分たちのペースで試合を進めることが大切。その要となるのが、バッテリーである。

効くツボ
1. サインプレーで球種を知らせる
2. 間を取って自分たちのペースを維持
3. 声を出して野手の守りをアシスト

チームプレイ

効くツボ 1
サインプレーを駆使して、次の投球をチーム全員が把握

バッテリーは、次に投げるボールを野手に知らせるとよい。キャッチャーがサインを出して、内野手が確認。内野手も背中でサインを出し、外野手に伝える。「ライズはフライになりやすい」「ドロップならゴロ」などの傾向がある。あらかじめ把握しておけば、全員が次の展開を予測できる。

効くツボ 2
キャッチャーが間を取り、自分たちのペースで勝負する

ピッチャーが何も考えず、ポンポン投げてしまうことがある。バッターのペースに巻き込まれている状態。これでは相手に主導権を握られているようなもの。こんなときはキャッチャーが、ボールを渡すときに間を取り、嫌なペースを断ち切ろう。自分たちの間合いで勝負することが大切だ。

効くツボ 3
打たれた瞬間に声をかけて、野手のフィールディングを助ける

ピッチャーは、「このバッターには打たれそう」などということが感覚的に分かったりする。その場合、外野手に深く守らせる指示を与えるとよい。また、打球音でも飛んだ方向、距離も、打たれた瞬間に把握できる。打たれた瞬間に「ショート！」などと声をかけて、野手をアシストしよう。

やってみよう
普段から一緒に行動する

バッテリーは、普段からコミュニケーションを密にし、一緒に食事をしたり、遊んだりして気持ちを共有するように努めよう。どんな考え方をしているのか、互いに分かり合っておくとよい。

できないときはここをチェック ✓

意思の疎通が大切。「相手が4番バッターで、2ストライク、1ボール」。こんなとき次に何を投げたいかなど、バッテリーで普段から話しておくとよい。

ポイント No.38 ▶▶▶ チームプレー
低めに集めてゴロを打たせ
ダブルプレーを成功させる

コレが 直る ダブルプレーを偶然ではなく、意図的にとりにいけるようになる。

ダブルプレーを決めれば、チームの雰囲気がよくなる

守備側が1イニングのうちにとらなければならないアウトの数は3つ。ダブルプレーを成功させると、そのうち2つを一挙に獲得できるため、非常に効率的といえる。そしてチームの雰囲気、ゲームの流れがよくなり、次の攻撃にいい形で入っていけるようにもなる。**ダブルプレーを決めれば、いろいろな波及効果を期待できる**わけだ。一般的には「4・6・3」が多いが、ライナーゲッツーなどもあり得る。チャンスを逃さないようにしよう。

効くツボ
1. ゴロを打たせる
2. バントフライをわざと落とす
3. ベースを見ずに足で踏む

チームプレイ

効くツボ 1

低めにボールを集めて、ゴロを打たせる

ダブルプレーで一般的なのは、「4・6・3」のように、2塁と1塁でアウトにするケース。そのためにバッテリーは、低めにボールを集めてゴロを打たせたい。低めはバッターにボールの上っ面をかすれさせて、ゴロにさせる効果がある。このような工夫によりゲッツーの確率を高められる。

効くツボ 2

バントフライを意図的に落とし、ダブルプレーを成立させる

ランナー1塁でバッターが送りバントの姿勢。このときバッターがフライを浮かせたら、意図的にゲッツーをとるチャンス。フライは直接捕ると1アウトしかとれないが、あえて地面に落とせばランナーとバッターの両方を刺せる。ただし、つかんでから落とす故意落球は違反なので要注意。

効くツボ 3

目で見ずにベースを踏むと、ワンテンポ早くできる

たとえば「4・6・3」のようなパターンの場合は、セカンドが捕って、ショートが2塁ベースに足でタッチすることになるが、このときに、目で見なくてもベースを踏めるようにしておこう。捕球して、目で見て確認して踏んで、それから投げていたのでは遅くなるのだ。

やってみよう
バックハンドグラブトス

「4・6・3」のようなケースでは、セカンドがショートに送球するときに、グラブトスをしよう。とくに振り向きざまに投げる場面では、バックハンドトスで後ろ向きのまま渡すと効果的。

できないときはここをチェック ✓

ゲッツーを狙いたいあまり、一つひとつの守備がおろそかにならないように。無理するくらいなら、確実に一つのアウトをもぎとるようにしたい。

95

ポイント No. **39** ▶▶▶ チームプレー

ランナー1、3塁の攻撃シーンではわざと1塁ランナーが挟まれる

> 💡 **コレが直る** 受身ではなく、積極的に仕掛けて、主導権を握れるようになる。

挟まれている間に、3塁ランナーを生還させる

ランナー1、3塁というのは、使いようによっては2、3塁よりも得点に結びつく可能性がある。1塁ランナーが盗塁、相手キャッチャーがセカンドに送球したら、あえて1塁に戻る姿勢を見せて、**セカンドとファーストの間に挟まれてみよう**。2人の野手間を行き来する、一連の騒動を横目に、3塁ランナーがホームインする作戦だ。

相手の守備力が高くなければ、暴投になり2人ともセーフになることもある。ぜひ試してみよう。

効くツボ
1. 1塁ランナーは複雑に動く
2. 1塁ランナーは外野側に逃げる
3. タッチを避けてスライディング

チームプレイ

効くツボ 1
1塁ランナーは複雑に動いて、相手野手をかく乱する

1、3塁で、1塁ランナーがわざと挟まれる作戦は、ランナー同士の連携が大切だ。1塁ランナーはできるだけ粘り、複雑な動きを示して相手野手をかく乱。その隙に3塁ランナーをホームインさせよう。1塁ランナーには素早い動きと方向の切り替え、野手の動きをかわす俊敏性が求められる。

効くツボ 2
1塁ランナーが外野側へ逃げれば、野手の送球を遅らせることが可能

1塁ランナーが挟まれ、タッチされてしまう場合でも、野手にできるだけ次の送球をさせにくくする必要がある。タッチされるときには、外野側に体を逃がすのがポイント。そうすれば野手は、ホームに対して後ろ向きにならざるを得なくなり、送球が遅れる。ここで時間を稼ぐことが肝心だ。心だ。

効くツボ 3
タッチを避けるスライディンで、自分も3塁ランナーもセーフ

1塁ランナーが盗塁して、2塁にスライディングする場合、正面切って滑り込むのではなく、タッチされないために、体を逃がすようにする。自分もセーフになりやすくなり、野手のタッチを手間取らせることで送球動作を遅らせ、3塁ランナーの生還率を引き上げることができる。

やってみよう
野手のバランスを崩す

ファーストとセカンドに挟まれたランナーは、安易にタッチされないようにしよう。必死で逃げて、2人のバランスを崩しにかかる。そうすれば、3塁ランナーは楽にホームインできるのだ。

できないときはここをチェック ✓

相手の野手は当然、3塁ランナーの動きを警戒している。ボールがやりとりされている間の隙をついて、タイミングよくホームに突っ込もう。

ポイント No.40 ▶▶▶ チームプレー
盗塁を刺すには雰囲気を察知し キャッチャーが捕ると同時に投げる

 コレが直る 安易に盗塁をさせない、あるいは走られても刺せるようになる。

相手ランナーを警戒させて、足を止める

盗塁を刺すには、そのためのお膳立てが必要だ。たとえばピックオフを試みて、相手ランナーを警戒させる。そうして**足を止める仕掛けを見せておく**ことが大切だ。また、野手はタッチするときのテクニックも重要。たとえば「追いタッチ」といって、タッチしていなくてもそのジェスチャーをし、「アウト！」とアピール。審判の目をあざむく手法がある。ランナーは抗議しても、判定は覆らない。こうした手段を利用すれば、盗塁を許さずにすむだろう。

 効くツボ
1. 盗塁されそうか察知する
2. 捕ると同時に投げる
3. 低い位置に送球する

チームプレイ

効くツボ 1
盗塁されそうな雰囲気か、総合的に判断する

相手ランナーの走力や、敵チームの監督の仕草、走ってきそうなボールカウントかどうかも含め、総合的に状況を判断しよう。とくにランナーの走力はよく確認すること。1番バッターで足が速く、スライディングもうまいような選手だと要注意。「盗塁されるかもしれない」と気を引きしめよう。

効くツボ 2
キャッチャーは、捕ったらすぐにスローイング体勢に

盗塁を阻む要になるのは、やはりキャッチャー。キャッチャーの送球しだいで、足の速いランナーも刺せるようになる。大切なのは、ボールを捕ったらすぐに投げられる体勢になること。受けて、立って、投げて、ではなく、キャッチすると同時にスローイングのポーズになるとよい。

効くツボ 3
野手がタッチしやすいように、キャッチャーは低く送球する

キャッチャーは、野手が低いところで捕れるように送球しよう。高く投げてしまうと、スライディングしてくる相手ランナーに対して、野手は上から下に大きく腕を動かさなければならない。このタイムロスがもったいないのだ。低く送球すれば、野手は捕った瞬間にランナーをタッチできる。

やってみよう
チェンジアップで誘う

チェンジアップのゆっくりなボールを見せれば、相手ランナーは盗塁したい気分になる。しかし走ってきそうなタイミングでは、実際にはスピードボールを使用。刺せる確率を高められる。

できないときはここをチェック ☑

刺すのに自信がなければ、キャッチャーは送球せずに、そのまま盗塁を許す選択もある。無理して暴投し、相手チームの進塁を招くよりはましだ。

ポイント
No. **41** ▶▶▶ チームプレー

ランナーコーチは1人の選手
情報を集めて有利な状況を構築する

コレが直る 応援するだけではなく、試合に参加し、選手として活躍できる。

**ランナーコーチの采配しだいで
ゲームの流れは大きく変わる**

　野球では、ランナーコーチは10人目の選手といわれるほど大切。それはソフトボールも同様だ。むしろ**塁間の短いソフトボールでは、ランナーコーチの指示がより意味を持つ**といえる。

　ランナーコーチは相手キャッチャーの出すサインや、ピッチャーの握りの癖、外野手のポジションの確認など、幅広く情報収集に努めるようにしよう。ランナーコーチの采配しだいで、ゲームの流れが大きく変わることも少なくない。

効くツボ
1. 情報収集に努める
2. バッターに球種、コースを伝える
3. 野手のポジションを確認する

チームプレイ

効くツボ 1

ランナーに指示を与えるほか、情報を収集して有利な状況を作る

とえばサード側ランナーコーチは、相手ピッチャーの手元を盗みとりやすい位置にいる。そこから球種を読みとれれば、バッターにサインを伝えてより有利な状況を構築できるのだ。ピッチャーによっては、ライズやドロップを投げるのに癖の出る人がいる。それを見逃さないようにしよう。

効くツボ 2

キャッチャーのサインを盗み取り、バッターに球種やコースを伝える

ランナーコーチは、キャッチャーのサインを盗みとりやすいポジションでもある。キャッチャーによってはサインの出し方がつたなく、平気で見せてしまう選手もいる。球種やコースの指示を発信するのはおもにキャッチャー。事前に読みとっておけば、バッターに伝えて予測させやすくなる。

効くツボ 3

相手野手のポジションを確認し、的確な指示を与える

ランナーコーチは、相手チームの野手のポジションをよく確認しよう。ランナーを進塁させるかストップさせるかの判断材料には、おもに相手の野手がボールを処理するポジションを参考にする。外野手のポジションが深ければゴー、浅ければストップの指示を的確に使い分けよう。

やってみよう

立ち位置を変えてみよう

コーチャーズボックスの幅は、4.57メートル。この範囲を有効利用しない手はない。相手ピッチャーの握りも、立ち位置を変えれば見えることも。同じ位置にばかりいないこと。

できないときはここをチェック ✓

ランナーコーチもポジションの一つ。ぶっつけ本番でできるものではない。ふだんの練習から試合を想定し、情報収集や指示出しを行っておく。

ポイント No. **42** ▶▶▶ チームプレー

ピックオフ成功の秘訣は「ピックオフしないムード」を作ること

コレが直る 相手ランナーの盗塁を阻み、出塁されても刺せるようになる。

キャッチャーと野手の連携で相手ランナーを刺す

　ピックオフは、キャッチャーと野手の連携で相手ランナーをアウトにできるテクニックだ。これを決めると、ピッチャーとしては体力的にも精神的にもかなり楽になる。ただし、**守備力が高いチームでないと成立しない**。暴投などがあると、逆にピンチが広がるので注意する。

　試合にぶっつけ本番で試すのは危険。普段からピックオフの練習をとり入れておいて、キャッチャーと野手の連携を強化しておく。

効くツボ
1. ランナーのリードを大きくさせる
2. 手のヒザ元に送球
3. ピックオフしないムードを作る

チームプレイ

効くツボ 1

バットが届かないコースに投げて、ランナーのリードを大きくさせる

ピックオフは、バッターに打たれないようにボール球を使う。ただしあからさまに外すと、ランナーは大きくリードしないから成功しない。微妙にバットが届かないコースに投げよう。そうすればバッターが打つかもしれないと思うから、ランナーはスタート。それに対して仕掛けるのだ。

効くツボ 2

キャッチャーは素早く送球。野手のヒザ元にコントロールする

キャッチャーは捕球したら、すぐに右手にボールを持ち替える。キャッチするというより、ミットの表面で跳ねさせて、右手にボールを送るイメージ。また、送球は野手のヒザ元にコントロールすること。野手がキャッチしたら、滑ってくるランナーにそのままタッチできる高さに投げよう。

効くツボ 3

バッターと勝負する雰囲気を作り、ピックオフしないムード醸し出す

チーム全体で「ピックオフしないムード」を作る。つまり、相手ランナーを刺すそぶりなどは一切示さず、「次バント警戒！」などとベンチが声をかけてバッターと勝負する雰囲気を醸し出すのだ。その上でボール球を投げてランナーを刺すピックオフを実行。意表を突く有効な作戦になる。

やってみよう
ポーズを示すだけでも有効

相手チームが出塁したら、キャッチャーはピックオフを仕掛けるポーズを見せるだけでも有効。リードを大きくさせず、盗塁を抑止する効果がある。

できないときはここをチェック ☑

ピックオフも盗塁を刺すのと同様、無理をして仕掛けるくらいなら、やらずにいたほうがベター。暴投によるピンチの拡大だけは避けよう。

ポイント No. **43** ▶▶▶ チームプレー

タッチアップを刺すには
勢いをつけ、低いところに送球する

 コレが直る 外野からの暴投が減り、相手チームのタッチアップを刺せる。

タッチアップはダブルプレー。決めれば最高に盛り上がる

　タッチアップを刺すとはすなわち、ダブルプレーを成功させるのと同じ。1イニング中、3つのアウトをとる必要があるうちの、2つを一挙に獲得することができる。**タッチアップを決めればチーム全体がとても盛り上がり、次の攻撃にいい雰囲気で入っていける**ようになる。

　反面、外野手が暴投する心配もある。バックアップを確実に行い、刺せなくても不用意な進塁を許さないようにする。

効くツボ
1. フライは後方から捕りにいく
2. 捕ったらすぐに投げる
3. 低いところにコントロール

104

チームプレイ

効くツボ 1

落下地点の後方から助走を
とって勢いをつける

タッチアップを刺すには、外野手によるホームへの返球が、何よりも大切。勢いをつけてバックホームするようにしたい。だからフライを捕る外野手は、落下地点を予測し、その後ろから走り込んで勢いをつけよう。先に落下地点に入ってしまうと、助走がなくなり、送球が非力になる。

効くツボ 2

フライを捕ったら、
すぐ右手に持ち替えて投げる

一瞬のタイミングを争うのがタッチアップだ。外野手は、フライを捕ったらすぐにホームへの送球体勢を整えること。そのためには、グローブでボールを捕ったら、すぐに右手に持ち替えるようにする。グローブでしっかり捕まえるというより、グローブ内で跳ねさせて、持ち替えるイメージだ。

効くツボ 3

ワンバウンドでもいいから、
低いところにコントロールする

外野手の送球は、慌ててしまい、暴投になりやすい。とくに高めになるケースが多いので注意しよう。必ずしも、ノーバウンドで届かせる必要はない。ワンバウンドになってもよいから、キャッチャーが捕りやすく、ランナーをタッチしやすい低めを狙って投げるようにする。

やってみよう
練習で暴投を見せない

試合では、開始前に5分間のシートノックの時間がある。このときに暴投を見せると、本番で相手チームに走られやすい。練習だからといって気を抜かず、暴投しないように。

できないときはここをチェック ☑

外野手の肩が弱ければ、必ずしもホームに投げる必要はない。ほかにランナーがいるなら、そちらに送球して、1つでもアウトを増やすようにする。

ポイント No.**44** ▶▶▶ チームプレー

サインやジェスチャーを駆使 攻撃的なチームプレーができる

コレが直る 個々人で攻めるのではなく、チーム全体で攻撃しやすい環境を構築できる。

チームプレーで勝負。総合力で相手に勝ろう

一人ひとりの競技能力が高くても、試合に勝てるとは限らない。各選手のレベルがたとえ低くても、チームプレーで勝利できる可能性があるのがソフトボールだ。

1発の長打を狙いにいくだけではなく、全員で1点を取りにいくようにしよう。もちろんランナーコーチ、そしてベンチメンバーの力も必要。**チームの総合力で勝れば、個々人のレベルが高いチームにも勝利できる。**

効くツボ
1. ピッチャーのサインを盗む
2. キャッチャーのサインを盗む
3. 相手野手を慌てさせる

106

チームプレイ

効くツボ 1

ネクストバッターズサークルから相手ピッチャーの握りを盗み見る

ネクストバッターズサークルの選手は、近くで見られるので、ピッチャーの癖を見抜きやすい。球種の予測が立てられたらバッターに伝えよう。ただしあからさまに「ドロップが来る」と伝えると、バッテリーにかわされる。「思い切って」の声掛けは「ドロップ」というように暗号化しよう。

効くツボ 2

2塁ランナーがキャッチャーのサインを盗む

2塁ランナーは、相手キャッチャーに正対している。だからキャッチャーが示すサインも見やすい。ピッチャーが見るのと同じ角度だから、盗みとれるというわけだ。たとえば配球コースを読めたら、バッターに伝えよう。「右足を前に出したらインコース」というように、身振りで示す。

効くツボ 3

ホームを目指すつもりがなくても、「行くぞ!」と言って慌てさせる

ランナーが3塁を回ろうとする瞬間、タイミングとして本塁へ間に合いそうにない状況でも、ランナーは「行くぞ!」と声を出すとよい。すると相手野手を慌てさせることができる。焦って暴投。その間にランナーはホームインできる可能性も生まれる。こういった駆け引きが大切だ。

やってみよう
ハッタリを使う

送りバントのサインでも、チーム全員で「演技」をする。「打て打て!」「バスター!」と声掛けをして、相手チームに考えさせよう。ハッタリでもアピールすれば、プレッシャーをかけられる。

できないときはここをチェック ✓

ピッチャーを打ち崩せないときもハッタリが効く。「ドロップ来るぞ!」と声を掛ければ、ピッチャーは握りを見られていると思い、投球が乱れやすい。

ポイント No. **45** ▶▶▶ チームプレー

相手野手を慌てさせて
チームプレーで盗塁を成功させる

コレが直る ベンチの声掛け、バッターのアシストにより、盗塁の成功率がアップ。

チーム全体で盗塁を成功させよう

盗塁を成功させるにも、チームプレーの力が欠かせない。バッターとランナーのみならず、**チーム全体による協力を必要とする**。「フライでいいぞ！」と声を掛けて、ベンチで「盗塁はない」雰囲気を醸し出そう。

あるいは逆に走らないのに、ベンチから「走った！」などと声を掛けるだけでも効果的。ショートをベースカバーに動かしたり、キャッチャーを慌てさせたりすることができる。そんな工夫、駆け引きが、盗塁を成功させる力になる。

効くツボ
1. バッターボックスの後ろに立つ
2. わざと空振りする
3. 盗塁しない雰囲気を作る

チームプレイ

効くツボ 1

バッターボックスの後ろに立ち、キャッチャーの送球を遅らせる

盗塁を成功させるには、相手キャッチャーの送球を遅らせるようにするとよい。意図的にそう仕向けるテクニックがある。バッターが、バッターボックスのなるべく後ろ側に構えて立つ。すると、キャッチャーもポジションを下げざるを得ないから、味方ランナーの盗塁をアシストできるのだ。

効くツボ 2

わざと空振りをして相手野手を慌てさせる

味方ランナーが盗塁を仕掛けるときには、バッターはわざと空振りするとよい。そうして相手野手を慌てさせるのだ。ヒッティングの姿勢を見せれば、たとえばショートは「自分のところに飛んでくる」と身構える。そうすれば、ベースカバーに入る動きを遅らせることができるのだ。

効くツボ 3

打つ気満々の姿勢を見せて、「盗塁はない」雰囲気を創出

チーム全体で「盗塁はない」雰囲気を作り上げることが大切。たとえばバッターは打つ気満々。監督は強振するポーズをアピール。ほかの選手は「思い切って打て！」などと声を掛ける。すると相手バッテリーはバッターとの勝負に気を奪われ、ランナーへの警戒がおろそかになる。

やってみよう
キャッチャーをジャマする

盗塁のサインが出て、バッターがわざと空振りすれば、当然、相手キャッチャーに投げにくくさせる効果も生まれる。大振りするなどして、キャッチャーをかく乱するようにしよう。

できないときはここをチェック

ランナーの走力が不十分でも、ベンチの声掛けにより、盗塁をサポートすることは可能だ。チームが一丸となって戦う意識が大切なのだ。

ポイント No.46 ▶▶▶ チームプレー

送りバントを成功させるには ピッチャー前に転がす

コレが直る チーム全体のアシストにより、送りバントの失敗がなくなる。

コンビネーションが送りバントを決めるポイント

　送りバントは、ランナーを次の塁に進めるための重要なスキル。マスターしてうまく使えば、スコアリングポジションへ戦略的に、得点源を送り込めるようになる。**バントするバッターと、盗塁を仕掛けるランナーの、2人のコンビネーションが大切**。さらにベンチが「バントはない」雰囲気を作り出して、意表を突くようにすれば、成功率はかなり高まるだろう。長打がなくても得点できるようになる。

効くツボ
1. 意外性を演出する
2. キャッチャーの目線を隠す
3. ゴロを確認してスタート

チームプレイ

効くツボ 1

送りバントはない雰囲気を作り、意外性を創出する

戦略的な仕掛けを成功させる要点は「意外性」。つまり「送りバントはない」雰囲気をチーム全体で作り、お膳立てを完全にしてから仕掛けるのだ。「思い切って打て」と各選手が声を掛ける。監督も長打狙いのポーズをアピール。そんなムードを醸し出すと、相手のバントへの警戒心を薄められる。

効くツボ 2

見送るときはキャッチャーの目線を隠す

送りバントの基本は、ピッチャー前に転がすこと。投球直後のため、ゴロ処理を遅らせて、ランナーを進塁させやすくなる。一方ボール球が来て見送る場合は、バットを引くとき、キャッチャーの目線を隠すとよい。キャッチャーのパスボールを誘い、その間に盗塁できる可能性を高めるのだ。

効くツボ 3

バントが転がったのを確認して、ランナーはスタートを切る

ランナーは、バントが転がったのを確認してからスタートを切る。仮に浮かせてピッチャーフライになったら、ゲッツーをとられかねないからだ。打球の状況判断をするというのは、当たり前のようで案外できていない場合が多い。強いチームはこのような基本を忠実に行っているものだ。

やってみよう
曖昧な距離に転がす

送りバントは 2.5 〜3メートル程度飛ばすとよいとされる。長く転がしすぎると、すぐに処理されて成功しないのだ。内野手のだれが捕れるボールか、曖昧な距離にコントロールする。

できないときはここをチェック ✓

バントに自信が持てないなら、わざと空振りしてキャッチャーの送球をジャマしにかかるとよい。バスターのように見せかけて、豪快に空振りしよう。

111

ポイント No.**47** ▶▶▶ チームプレー

スクイズを使って
チームプレーで点をとる

> **コレが直る** 3塁にランナーを進めたら、確実に得点できる戦略的な仕掛けができる。

チームワーク、ベンチワークで点をとる意識を持つ

　各打者が単独で気ままに打っていても、得点にはつながりにくい。**大切なのはチームプレーであり、ベンチワークである**。バッターは、ときには自分がアウトになってもいいからランナーを生かす。スコアリングポジションに進めたら、何としてもホームに生還させる。そういう戦略的な攻撃を仕掛けるようにしよう。

　ノーアウトや1アウトでランナーが3塁に進塁したら、確実に点をとるようにしたい。

効くツボ
1. スクイズを使う
2. ゴロを打つ
3. リリースする直前にスタート

チームプレイ

効くツボ 1
スクイズを使えば、3塁ランナーを生還させられる

戦略的な攻撃の一例が、ヒットエンドランやバスターエンドラン、スクイズなどだ。たとえばスクイズは、チーム全体で「スクイズはない」雰囲気を完璧に作っておいてから実行。バッターは何としてもバットにボールを当てて、その間に3塁ランナーをホームに生還させよう。

効くツボ 2
ゴロを打てば、塁間の短いソフトボールではセーフになる

3塁ランナーをホームに帰すには、確実にゴロを転がすことだ。浮かせてしまうとゲッツーをとられる危険があり、せっかくのチャンスをつぶしてしまう。バットを短く持って、コンパクトに、ボールの上っ面を叩いていこう。高く弾ませて、その間にランナーを生還させるのだ。

効くツボ 3
3塁ランナーは、ピッチャーが手離す直前に始動

3塁ランナーは、ピッチャーの手からボールが離れるかどうかのギリギリのタイミングで、スタートを切る。そのタイミングこそ、セーフかアウトかの分かれ目。投球モーションの後半、リリースする直前にベースを蹴り始めるくらいでちょうどよい。離れてから動き出したのでは遅れる。

やってみよう
ホームスチールに挑戦

3塁の得点圏にランナーを進めても、相手の守りが堅くて得点できないことがある。そんなときには、ホームスチールを仕掛けよう。バッテリーの隙を突いて敢行。意外性で点をとる。

できないときはここをチェック

デッドボールでもいいから塁に出よう。インコースに詰めて構えて、ピッチャーの制球を乱したい。塁に出れば相手も焦るから、チャンスが生まれる。

ポイント No. **48** ▶▶▶ チームプレー

守り切ったら、負けない、ムチャなプレーは慎み、凡ミスをなくす

打線を爆発させられなくても、負けないプレーで勝利を手に入れられる。

相手チームを0点に押さえれば、負けることはない

　勝つためには、点をとる必要があるが、見方を変えれば**相手チームを0点に押さえれば、負けることはない**。打線が非力なチームは、打ち勝つプレーよりも守り切る試合を心掛けてみるのも一つの手だ。

　難しいテクニックが必要なわけではない。**とにかく、凡ミスをなくす**ようにしよう。得点の多くは、野手の凡ミスから生まれる。それをなくせば、負けないチームになれる。

1. 凡ミスをなくす
2. 投球の3要素を駆使する
3. デッドボールを出さない

チームプレイ

効くツボ 1

ムチャなプレーを控え、凡ミスをなくす

守り切るための鉄則は、「ミスをしない」ことだ。悪送球やサインの見落としなどに起因する失点が、勝敗を分ける大きな要因。自ら相手に点を献上してはいけない。自分たちのミスでランナーを不用意に進めたりするエラーは、最小限に抑えよう。そのためには、ムチャなプレーを慎むことだ。

効くツボ 2

ピッチャーは、スピード、変化、コントロールの3要素を駆使する

守り切るには、ピッチャーの力量が物をいう。実際にピッチャーが3振を取る確率と、チームが勝利する確率はほぼ正比例する。ピッチャーは、ボールのスピード、変化、コントロールの3要素を駆使すること。いくら速くても、単調だと慣れられるということを忘れてはいけない。

効くツボ 3

遅いボールになってもいいから、デッドボールを出さない

ピッチャーのミスといえば、デッドボールとフォアボール。これは相手に労せず出塁を許す手痛いエラーになる。また、ピッチャー自身が精神的にもめげる。これが引き金となってコントロールを乱し、調子を崩す例も少なくないのだ。デッドボール、フォアボールは極力なくすようにしよう。

やってみよう
自分のタイプを知っておく

ピッチャーは、自分が尻上がりのタイプなのか、逆に後半はスタミナ切れでバテてしまうタイプなのか、自覚しておこう。自分のタイプに適性のあるピッチングを心掛けるようにしたい。

できないときはここをチェック ✓

ミスの原因は技術的なものだけではなく、精神的な面も大きく影響している。イライラが募るとミスもしやすい。精神コントロールも忘れないように。

115

ポイント No. **49** ▶▶▶ チームプレー

試合は情報分析戦、相手のことを知るほど、勝てる

コレが直る なぜ負けるのかが具体的にわかり、対策、作戦を立てられるようになる。

相手チームの特徴的な部分を見つけ、頭脳プレーで勝つ

どんなに手強い相手でも、人間には癖や傾向がある。そういった**特徴を把握しておくことが、勝率を上げる一助となる**。

たとえば打者ならインコースが苦手とか、フライを打ち上げやすいといった傾向。それらを踏まえれば、勝負球をアウトコースにとっておく駆け引きができる。

打者によっては打球方向に癖があるから、守備側は専用シフトを敷く工夫も有効。試合は、互いのチームの情報分析戦なのだ。

効くツボ
1. スコアブックを見直す
2. 情報をチームで共有する
3. 相手チームの特徴を把握する

チームプレイ

効くツボ 1
スコアブックを見直して、情報分析を行う

情報分析に役立つのは、スコアブックだ。相手が、前に試合をしたことのあるチームなら、スコアブックを見直すといろいろな傾向が確認できる。情報分析隊を結成して、チェックを怠らないようにするとよいだろう。実際のプレーに頭脳プレーを加えれば、勝てる確率は飛躍するはず。

効くツボ 2
情報をチームで共有し、作戦を成功に導く

情報分析に基づき、特定の打者に対して専用シフトを敷いてみよう。たとえば左打者で、打ちながら駆け出すようなスラッパーだとすると、仕掛けてくるスラップを警戒して前にポジションをとっておくとよい。そのような情報をチームで共有し、作戦をたて、全員で成功に導くようにしよう。

効くツボ 3
相手チーム、バッテリーの特徴も把握する

相手の個々人についての特徴を知ることは大切だが、それとともにチームとしての傾向を把握しておく。たとえばバッテリーの癖を読みとってみる。低めに集めるのがうまいとか、ドロップがよく落ちるなどなど。漠然とプレーするのに比べて、レベルの高いパフォーマンスを発揮できる。

やってみよう
直感を働かせる

スコアブックを見直しても、もちろん具体化できない傾向もある。「このバッターはなんとなく、1球目に打ってきそうだ」などといった、「直感」も働かせ、信じるようにしよう。

できないときはここをチェック ☑

漠然とプレーを眺めていても、傾向や癖は見つけにくい。相手チームの特徴について、積極的に見つけ出して、分析するように努める。

ポイント No. **50** ▶▶▶ チームプレー

チームの士気を高めて
日ごろからプラス思考で臨む

 コレが直る 後ろ向きな思考が正され、ベストパフォーマンスを発揮できるようになる。

前向きな思考で試合に臨むことが大切だと知る

同レベルの競技力だとすると、勝敗を左右するのはメンタルである。エラーや凡ミスは後悔しない。そしてつねに前向きな思考でプレーに臨むようにする。

とくに大切にしたいのが、チームワーク。**全員の士気を高めて、勝利に向かって力を合わせる雰囲気作りが重要だ**。ただし、プラス思考はいきなりできるものではない。普段の練習、生活態度から、前向きな思考を心掛けるようにして、プレーに活かす。

 効くツボ
1. チームの士気を高める
2. 徹底したプラス思考
3. 監督も戦う姿勢を見せる

チームプレイ

効くツボ 1

チームの士気を高めて
ベストパフォーマンスを発揮する

チームの士気を高めることが肝心だ。試合に向けて平常心を保ちながらも、気持ちを高めていくようにする。実際、精神が高揚すると身体動作、プレーアビリティに大きな好影響が現われる。ワクワクするような気持ちで臨めば、ベストパフォーマンスを発揮できるはずだ。

効くツボ 2

考え方一つで、やる気も
力ももっと出せる

プラス思考が力になる。考え方一つで、やる気を出せるし、もっと力も出せる。失敗を試合中に悔やんでも仕方がないし、それで調子が上向くこともない。前向きな物の見方、考え方をしよう。たとえ負けたとしても、互いに「いい試合だった」と振り返ることのできるゲームを目指したい。

効くツボ 3

監督が、声を枯らして参戦すれば、
選手たちは期待に応えてくれる

監督が選手と一丸になってプレーすることが大切だ。監督も一緒になって戦う気持ちでいると、選手たちもついてきて、期待にも応えてくれる。監督も、声を枯らして参戦しよう。それによってチームの雰囲気は、ガラリと一変するに違いない。もちろん、よい方向に。

やってみよう
心理テストを活用する
選手の心理、精神状態を分析するテストを活用するチームも少なくない（POMSなどが有名）。やる気や思考の傾向を探ることは、有効な試合運びのための助けになる。

できないときはここをチェック ✓
選手の努力、頑張りだけでは、決して勝てない。監督が選手一人ひとりの人間性、個性をよく把握した上で、采配を振るうようにしたい。

119

足の裏側のストレッチ

一方の足を前方に伸ばし、もう一方は曲げて、地面に座る。伸ばしている側のつま先手前に引き寄せて、足の裏を伸ばす。（左右：10秒静止）

股関節、お尻のストレッチ

地面に座り、一方の足は後方に伸ばし、もう一方は曲げて、ヒジでヒザを押さえ込む。曲げている側のお尻を伸ばす。（左右：10秒静止）

ソフトボールに必要なストレッチ体操

プレー前にはストレッチを行うようにしよう。筋肉や腱を柔軟にしておくことで、プレー中に急激な負荷がかかっても、ケガを防げるようになる。また、練習後に行うと疲労を速やかに回復できる。反動を加えずに、ある部位の筋肉、腱を10秒程度ジワジワ伸ばす。ソフトボールは全身運動だから、体の各部をくまなくストレッチしておくのが望ましい。

前モモのストレッチ

地面に横になり、一方の足を伸ばし、もう一方を曲げる。ストレッチする側のカカトをお尻につけ、つま先を手で引く。（左右：10秒静止）

体側のストレッチ

一方の足を横に伸ばし、もう一方を曲げて、座る。伸ばした側へ上体を傾けて体側を伸ばす。体が前傾しないように。（左右：10秒静止）

股関節、肩甲骨のストレッチ

左右に広く開脚して、中腰になる。両手を両ヒザに置き、腰をひねりながら、ひねるのとは逆方向の股関節を押し広げる。（左右：10秒静止）

内モモ、お尻のストレッチ

両足を広げて中腰になり、両ヒジで両ヒザをプッシュ。ヒジでヒザを外側に押し広げるようにする。猫背にならないように。（10秒静止）

肩のストレッチ

ストレッチするほうの腕を、胸の前に伸ばす。ヒジの付近を反対の手で、自分のほうに軽く引き寄せる。（左右：10秒静止）

手首のストレッチ

ストレッチするほうの手を前に伸ばし、反対側の手で指先を手前に引く。手のひらを内に向けるのと、外に向ける2種類。（左右：10秒静止）

肩甲骨のストレッチ

両ヒジを閉じた状態から、開いて胸を張り、両手を上げて、下ろす運動を繰り返す。肩甲骨の開閉を意識しながらゆっくり動かす。（10回）

これで差がつく!勝つ!
ソフトボール上達のポイント50

すべての「ポイント」と「ツボ」を一覧にしてみました。
ここに技術が凝縮されています。
ひととおり読み終え、いざ練習に向かうとき、
切り取って持っていき、確認してください。

PART1 ピッチング

ポイント No.01 ウインドミル投法は 体の回転動作を使って全身で投げる　P12	効くツボ 1	腕を鋭くしならせる
	効くツボ 2	体の回転で勢いをつける
	効くツボ 3	左手をしっかりと引きつける
ポイント No.02 右手のひらをミットに向ければ 正確にコントロールできる　P14	効くツボ 1	右手のひらをミットに向ける
	効くツボ 2	リリースするタイミングを変える
	効くツボ 3	体ごと低い姿勢になる
ポイント No.03 ボールスピードは 全身を素速く動かすとアップする　P16	効くツボ 1	腕を十分に脱力する
	効くツボ 2	「ブラッシング」を最適化する
	効くツボ 3	全身を高速で動かす
ポイント No.04 ドロップは縫い目に指をかけて 高いところから落とし込む　P18	効くツボ 1	縫い目に指先を引っ掛ける
	効くツボ 2	上から下に落とし込むイメージ
	効くツボ 3	前足を突っ張る
ポイント No.05 ライズはドアノブを回すイメージ 上投げカーブのリストワークで投げる　P20	効くツボ 1	ドアノブを回すリストワーク
	効くツボ 2	ボールと一緒に伸び上がる
	効くツボ 3	「ヒザで持っていく」イメージ
ポイント No.06 ボールの後ろ側を切り落とし 逆回転をかけて浮き上がらせる　P22	効くツボ 1	ボールの後ろ側を切り落とす
	効くツボ 2	体の後方で投げ切る
	効くツボ 3	体を後ろに戻すイメージ
ポイント No.07 打者のタイミングを外すチェンジアップ 手の甲側から振り出せば勢いを殺せる　P24	効くツボ 1	「ブラッシング」を強める
	効くツボ 2	手の甲側から投げる
	効くツボ 3	前足でブレーキをかける
ポイント No.08 手首までグローブで覆い 握りを隠して投球しよう　P26	効くツボ 1	グローブで握りを隠す
	効くツボ 2	グローブ内で握りを作る
	効くツボ 3	できるだけ握りをバッターに見せない

PART2 バッティング

ポイント No.09 ミート率を上げるには バットを短く持ってコンパクトに振る　P30	効くツボ 1	バットを短く持つ
	効くツボ 2	空手チョップのイメージ
	効くツボ 3	近めのボールを狙う

ポイント No.10 体の回転を速くすれば スイングスピードも速くなる P32	効くツボ 1	右手を真上、左手を真下に向ける
	効くツボ 2	体の回転を速くする
	効くツボ 3	ヒジを伸ばし気味にする

ポイント No.11 流し打ちは引きつけて バットを狙う方向に向ける P34	効くツボ 1	狙う方向にバットを向ける
	効くツボ 2	引きつけて打つ
	効くツボ 3	叩きつけてゴロを転がす

ポイント No.12 叩きつけは、高めのボールを 上から下に叩き落とす P36	効くツボ 1	右手を返して押さえ込む
	効くツボ 2	ボールの上っ面を叩く
	効くツボ 3	高めのボールに対して仕掛ける

ポイント No.13 インコースは前足を開き ど真ん中に変換して打つ P38	効くツボ 1	内側に詰めて構える
	効くツボ 2	前足を開いて体を逃がす
	効くツボ 3	前側に立って広角に打つ

ポイント No.14 アウトコースは流し打ち バッターボックスに詰めて構えよう P40	効くツボ 1	内側に詰めて構える
	効くツボ 2	ラインを引いて選球眼を養う
	効くツボ 3	無理せず流し打ちにする

ポイント No.15 送りバントは後ろで構え 打撃直前に前に詰めて打つ P42	効くツボ 1	後ろで構えておき、前に詰めて打つ
	効くツボ 2	頭とバットを近づける
	効くツボ 3	ヒザの屈伸で高さを調節する

ポイント No.16 セフティーバントで意表を突く バントの姿勢を一瞬で作ろう P44	効くツボ 1	意表を突く
	効くツボ 2	脱力して構える
	効くツボ 3	ピッチャー前に転がす

ポイント No.17 左バッターならではのスラップ 走りながら打ち、好スタートを切る P46	効くツボ 1	打ちながら走り出す
	効くツボ 2	距離の長いショートに転がす
	効くツボ 3	ライズボールを叩きつける

ポイント No.18 強く弾くプッシュバント 芯で捕らえ空いた野手間のアキに飛ばす P48	効くツボ 1	バットの芯で捕らえる
	効くツボ 2	セカンド方向を狙う
	効くツボ 3	確実に転がす

ポイント No.19 野手を木っ端微塵にするバスター バントの姿勢から一瞬で切り替える P50	効くツボ 1	脱力して、動作を一瞬で切り替える
	効くツボ 2	勢いよく叩きつける
	効くツボ 3	短く持って操作性を高める

ポイント No.20 ヒットエンドランは 野手の空間を狙って打つと決まる P52	効くツボ 1	空いた空間にゴロを転がす
	効くツボ 2	後ろ側に立ってキャッチャーを下げる
	効くツボ 3	短く持って叩きつける

PART3 フィールディング

ポイント No.21 下から上へのグラブさばきで 正確な捕球と素早い送球ができる P56	効くツボ 1	グラブさばきは下から上へ
	効くツボ 2	左足を前に出してキャッチ
	効くツボ 3	放物線の頂点で捕る

ポイント No.22 片手によるゴロ捕球は 手のひらを真正面に向ければ正確 P58	効くツボ 1	手のひらを真正面に向ける
	効くツボ 2	ショートバウンドは「パ・パン」
	効くツボ 3	捕ると同時に右手に投げ渡す

ポイント No.23 フライ捕球はグローブを横にして 次に投げやすい人がキャッチする P60	効くツボ 1	グローブを横にする
	効くツボ 2	次に投げやすい人が捕る
	効くツボ 3	送球場所を想定しておく

ポイント No.24	効くツボ 1	投げたらすぐに備える
ピッチャーも野手の1人	効くツボ 2	バント処理を行う
投げたらすぐに備える P62	効くツボ 3	バックアップに回る

ポイント No.25	効くツボ 1	左足を前に出して構える
キャッチャーも機敏な動作が必要	効くツボ 2	アゴの下にミットを構える
足を前後にすれば、素早く動ける P64	効くツボ 3	小さく構える

ポイント No.26	効くツボ 1	構える位置を変えない
フィールド全体を見渡しながら	効くツボ 2	打たれたらランナーと一緒に走る
身振りと声で各野手に指示を与える P66	効くツボ 3	各野手に指示を出す

ポイント No.27	効くツボ 1	打たれたらベースを空けない
内野手は素早い動作が必要	効くツボ 2	カットプレーに入る
クイックモーションを心掛ける P68	効くツボ 3	アピールプレーも怠りなく

ポイント No.28	効くツボ 1	フライは、投げやすい人が捕る
外野手はフライの捕球後	効くツボ 2	バックアップに入る
すぐに内野手に返球する P70	効くツボ 3	フェンスまでの距離を確認する

PART4 ベースランニング

ポイント No.29	効くツボ 1	ピッチ走法で加速する
短い塁間で一気に加速するには	効くツボ 2	低い体勢からスタート
ピッチ走法で回転数を上げる P74	効くツボ 3	クラウチングスタートのイメージ

ポイント No.30	効くツボ 1	ベースの内角を踏む
ベースの内側を蹴れば	効くツボ 2	左足で蹴って方向を切り替える
最短コースで最速の走りができる P76	効くツボ 3	2塁に行くなら、1塁へは膨らみながら進入

ポイント No.31	効くツボ 1	ベースの手前をツマ先で踏む
1塁への走塁は	効くツボ 2	右回りで1塁に着く
ベースの手前をツマ先で踏む P78	効くツボ 3	余裕があっても全力疾走

ポイント No.32	効くツボ 1	ベースの角を蹴る
2、3塁への走塁は	効くツボ 2	ランナーコーチの指示に従う
全力で走って野手を慌てさせる P80	効くツボ 3	走るスピードを緩めない

ポイント No.33	効くツボ 1	大きくリードを取る
ホームへの走塁は	効くツボ 2	外野手の位置を確認
ゴロが出たら突進すると決め込む P82	効くツボ 3	ゴロが弾んでいるうちにホームイン

ポイント No.34	効くツボ 1	リリース直前のタイミングでダッシュ
盗塁はスタートダッシュがカギ	効くツボ 2	バランスよくスライディングする
リリースされる直前にダッシュする P84	効くツボ 3	アウトカウントを確認する

ポイント No.35	効くツボ 1	両足とも、滑れるようにする
摩擦が少ないように滑り	効くツボ 2	摩擦が少ないように滑る
滑った直後に立ち上がる P86	効くツボ 3	滑った直後に立ち上がる

ポイント No.36	効くツボ 1	ベースの手前を、手のひらでタッチ
ヘッドスライディングは	効くツボ 2	思い切って体を伸び切らせる
思い切って体を伸び切らせる P88	効くツボ 3	低空飛行で滑る

PART5 チームプレー

ポイント No.37 サインプレーを駆使すれば 次の展開を全員が予測できる　　P92	効くツボ 1	サインプレーで球種を知らせる
	効くツボ 2	間を取って自分たちのペースを維持
	効くツボ 3	声を出して野手の守りをアシスト

ポイント No.38 低めに集めてゴロを打たせ ダブルプレーを成功させる　　P94	効くツボ 1	ゴロを打たせる
	効くツボ 2	バントフライをわざと落とす
	効くツボ 3	ベースを見ずに足で踏む

ポイント No.39 ランナー1、3塁の攻撃シーンでは わざと1塁ランナーが挟まれる　　P96	効くツボ 1	1塁ランナーは複雑に動く
	効くツボ 2	1塁ランナーは外野側に逃げる
	効くツボ 3	タッチを避けてスライディング

ポイント No.40 盗塁を刺すには雰囲気を察知し キャッチャーが捕ると同時に投げる　　P98	効くツボ 1	盗塁されそうか察知する
	効くツボ 2	捕ると同時に投げる
	効くツボ 3	低い位置に送球する

ポイント No.41 ランナーコーチは1人の選手 情報を集めて有利な状況を構築する　　P100	効くツボ 1	情報収集に努める
	効くツボ 2	バッターに球種、コースを伝える
	効くツボ 3	野手のポジションを確認する

ポイント No.42 ピックオフ成功の秘訣は 「ピックオフしないムード」を作ること　　P102	効くツボ 1	ランナーのリードを大きくさせる
	効くツボ 2	手のヒザ元に送球
	効くツボ 3	ピックオフしないムードを作る

ポイント No.43 タッチアップを刺すには 勢いをつけ、低いところに送球する　　P104	効くツボ 1	フライは後方から捕りにいく
	効くツボ 2	捕ったらすぐに投げる
	効くツボ 3	低いところにコントロール

ポイント No.44 サインやジェスチャーを駆使 攻撃的なチームプレーができる　　P106	効くツボ 1	ピッチャーのサインを盗む
	効くツボ 2	キャッチャーのサインを盗む
	効くツボ 3	相手野手を慌てさせる

ポイント No.45 相手野手を慌てさせて チームプレーで盗塁を成功させる　　P108	効くツボ 1	バッターボックスの後ろに立つ
	効くツボ 2	わざと空振りする
	効くツボ 3	盗塁しない雰囲気を作る

ポイント No.46 送りバントを成功させるには ピッチャー前に転がす　　P110	効くツボ 1	意外性を演出する
	効くツボ 2	キャッチャーの目線を隠す
	効くツボ 3	ゴロを確認してスタート

ポイント No.47 スクイズを使って チームプレーで点を取る　　P112	効くツボ 1	スクイズを使う
	効くツボ 2	ゴロを打つ
	効くツボ 3	リリースする直前にスタート

ポイント No.48 守り切ったら、負けない ムチャなプレーは慎み、凡ミスをなくす　　P114	効くツボ 1	凡ミスをなくす
	効くツボ 2	投球の3要素を駆使する
	効くツボ 3	デッドボールを出さない

ポイント No.49 試合は情報分析戦、 相手のことを知るほど、勝てる　　P116	効くツボ 1	スコアブックを見直す
	効くツボ 2	情報をチームで共有する
	効くツボ 3	相手チームの特徴を把握する

ポイント No.50 チームの士気を高めて 日ごろからプラス思考で臨む　　P118	効くツボ 1	チームの士気を高める
	効くツボ 2	徹底したプラス思考
	効くツボ 3	監督も戦う姿勢を見せる

監 修

日本体育大学 名誉教授
小川幸三（おがわこうぞう）

1945年生まれ。島根県出身。元日本体育大学ソフトボール部監督。現役時代はピッチャーとして活躍。首都大学野球秋季リーグ戦優勝。最高殊勲選手、最優秀投手、ベストナインを受賞する。指導者として、全日本大学ソフトボール選手権大会において女子チーム6回、男子チーム12回の優勝を収めた。アトランタ、シドニー、アテネ、北京の各五輪代表選手に指導し、チームの活躍、メダル獲得に貢献。野球の指導者としても実績があり、ピッチングコーチとして中田宗男（現中日ドラゴンズアマスカウトディレクター）ほかを育成した。

日本体育大学 ソフトボール部女子監督
髙橋流星（たかはしすばる）

1983年生まれ。高知県出身。（公財）日本スポーツ協会公認スポーツ指導者ソフトボール上級コーチ。現役時代はピッチャーとして活躍し、岩手高校総体、富山国体、宮崎全国高等学校選抜大会、熊本高校総体、宮城国体など全国大会のタイトルを総なめにした。全日本大学選手権大会では、選手として2002、03年、男子部の監督としては08、09年、女子部の監督としては18年に優勝を飾るという輝かしい実績を誇る。現在は日本体育大学体育学部体育学科助教、全日本大学ソフトボール連盟常任理事、東京都ソフトボール協会常務理事、東京都大学ソフトボール連盟理事長などを務める。

日本体育大学ソフトボール部（男女）

2018年度 競技成績

第50回春季リーグ戦	
男子：優勝	女子：優勝

第33回東日本大学選手権	
男子：準優勝	女子：優勝（2年振り18回目）

文部科学大臣杯第53回全日本大学選手権	
男子：優勝（2年連続30回目）	女子：優勝（14年振り19回目）

第70回全日本総合選手権大会	
男子：優勝（大学勢初）	女子：1回戦敗退

第50回秋季リーグ戦	
男子：優勝	女子：優勝

モ デ ル

掛田朋代
セカンド

重藤恵理
ピッチャー

滝沢　彩
ショート

高橋知里
ファースト

永井唯菜
レフト

三澤秋菜
ライト

佐々木結翔
ファースト

菅谷　悠
セカンド

谷井　愛
キャッチャー

照沼　和
センター

近藤清香
サード

原万祐子
セカンド

STAFF

監修
小川幸三
（日本体育大学 名誉教授）

髙橋流星
（日本体育大学 ソフトボール部女子監督）

取材・執筆
吉田正広

撮影
高田泰運

デザイン
沖増岳二

編集
ナイスク（http://naisg.com/）
松尾里央／岸 正章／山本文隆

協力
日本体育大学 ソフトボール部

これで差がつく!勝つ!
ソフトボール　上達のポイント50

2018年11月15日　第1版・第1刷発行

監修者　小川幸三　（おがわ　こうぞう）／髙橋流星　（たかはし　すばる）
発行者　メイツ出版株式会社
　　　　代表者　三渡治
　　　　〒102-0093 東京都千代田区平河町一丁目 1-8
　　　　TEL:03-5276-3050（編集・営業）
　　　　　　　03-5276-3052（注文専用）
　　　　FAX:03-5276-3105
印　刷　株式会社厚徳社

●本書の一部、あるいは全部を無断でコピーすることは、法律で認められた場合を除き、著作権の侵害
となりますので禁止します。
●定価はカバーに表示してあります。
© ナイスク,2009,2018.ISBN978-4-7804-2101-9 C2075 Printed in Japan.

ご意見・ご感想はホームページから承っております。
メイツ出版ホームページアドレス　http://www.mates-publishing.co.jp/
編集長＝折居かおる　副編集長：堀明研斗
企画担当：堀明研斗

※本書は 2009 年発行の『試合で大活躍できる!ソフトボール　上達のコツ 50』を元に加筆・修正を行ったものです。